FEEL THE EFFECTS OF "THE PRESS RELEASE"
TO THE MASS MEDIA.

メディアを動かす
プレスリリースは
こうつくる！

広報ジャーナリスト
プレスリリースアドバイザー
福満ヒロユキ

同文舘出版

はじめに──福満ヒロユキより、皆さんへ

「福満さん、大阪を元気にするって言わはるけど、具体的に何をするつもりやのん？」

中小企業庁管轄の中小企業応援センターで広報・プレスリリースのアドバイザーとして相談にあたっているときでした。ある大阪の中小企業の社長に言われたのです。

言われてみればそうだな、と思いました。

「具体的に何をする、か」

「大阪を元気に」、確かにモチベーションを上げてくれる響きはあります。それでも、「じゃあ、そのために何をするの？」と聞かれるとパッと答えが出てこない。

精神論も確かに必要だと思います。
どんなことでも、希望を見出すことからスタートするのだと思いますから。
でも、案外精神論だけで終わってしまっていることが多かったりします。つまり、方法は明確にされないまま。

「コンサルティングは答えを導き出すことが重要なのではなく、答えを導くまでの過程がノウハウとなるのだ」と聞いたことがあるのですが、「○○ができるようになるから、これをしましょう！」という明確さがあれば、「やってみよう！」と思ってもらいやすいのだと思うのです。

「具体的な方法」。さて、私、福満ヒロユキならば何を行なうことで「大阪を元気にする」ということに貢献できるのだろう？

と、考えていたら、ひらめきました。
ひらめいた瞬間に口を突いて出たセリフ。

「私は、皆さんに注目を浴びてもらうことで元気になってもらいます。それが私の専門分野ですから」

そうです。私はプレスリリースの専門家。

プレスリリースと言えば、新聞・テレビの取材、掲載・報道を通して世間から注目を浴びてもらう方法です。

企業といっても人の集まり。

皆さんも思いませんか？ 人間って、注目を浴びれば調子に乗っちゃう。調子に乗れば胸を張る、胸を張ればあごも上がる、あごを上げれば視線も上向きに。

そうです。元気な人って、じっとうつむいてはいません。なんだか常に上向き。そんな人を見ると自分も上向きになってきたりして。

「注目を浴びることで、元気に」

そう思うと、別に大阪だけのことじゃないのです。
日本のすべての企業や個人、大手企業・中小零細企業に関わらず、皆さん全員に当てはまること。

さて、これから福満ヒロユキは胸を張って答えます。
「プレスリリースという手法を通じて、注目を浴びてもらうことで日本を元気にしてゆきます」と。

CONTENTS

メディアを動かすプレスリリースはこうつくる！

はじめに

PROLOGUE　心を動かすプレスリリースの秘訣を大公開！

1　プレスリリースのテクニックを身につけるのは、今！　10
2　無料で新聞やテレビの取材を生むプレスリリース　11
3　こんなときこそ「必ず使える」。そして威力は「絶大」！　12

CHAPTER 1　プレスリリースの成功は準備から

1　プレスリリース成功と失敗の分かれ道　14
2　「広告」と「広報」の違い　16
3　「知らせる」と「伝える」の違い　18
4　「伝える」ために必要なもの　20
5　クチコミに勝る広告なし　22
6　ネタの準備とは──ネタの整理にはコツがある　24
7　ネタの整理例その❶　商品やサービスをネタにしよう　26
8　ネタの整理例その❷　人物をネタにしよう　28
9　ネタの整理例その❸　企業・会社をネタにしよう　30
COLUMN-1

CHAPTER 2 新聞記者やテレビ番組制作者が欲しがっているもの

1. それはズバリ、感動なのだ！ 34
2. 新聞記者やテレビ番組制作者も皆さんと同じ。「伝えたい」 36
3. ネタになるものを書き出してみる 38
4. ネタの角度を変えてみる 40
5. ネタの見せ方作成例❶ 商品・サービス編 42
6. ネタの見せ方作成例❷ 人物編 44
7. ネタの見せ方作成例❸ 会社・企業編 46

COLUMN-2

CHAPTER 3 ストーリーを組み立てる

1. ネタが見つかったら、ストーリーを紡ぎ出す 50
2. 鍛えろ！ インタビュー能力！ 52
3. ネタの過去を知って派生する情報も手に入れよう 58
4. ネタの未来を語ろう 60
5. 「誰が」「何のために」がすぐに言えるように 62
6. 「取材を想定して」真実のドラマを紡ぎ出す 64

ストーリー作成例❶ 66

ストーリー作成例❷ 70

ストーリー作成例❸ 78

COLUMN-3

CHAPTER

4 リリース原稿の組み立てに沿って書く

- 1 まずは媒体選定を行なう　84
- 2 記者や番組制作者の目に「飛び込んでゆく」原稿の書き方　86
- 3 リリース原稿の基本構成　88
- 4 ターゲットは、記者・番組制作者　90
- 5 タイトルから書かない。まずはボディから　92
- 6 5W+1Hならぬ、5W+5Hとは　94
- 7 起承転結ならぬ、結転結とは　96
- 8 テレビならここを押さえて欲しい　98
- 9 雑誌ならこんな裏ワザがある　100
- 10 ホームページは必須　102
- 11 タイトルを書く　その1　104
- 12 タイトルを書く　その2　106
- 解説付き生リリース原稿❶　108
- 解説付き生リリース原稿❷　110
- 解説付き生リリース原稿❸　112

COLUMN-4

CHAPTER

5 さあ、リリース開始！

- 1 「使える」リリースリストはこうつくる。こう育てる　116
- 2 リリース先の情報を集めるところから、すでにスタートしている　118

3 メディアだけではない！ こんなところにも
  リリースできることを忘れずに 120
4 まず、10秒でリリース内容を伝えられるように 122
5 リリース計画を立てる 124
6 リリースの効果的なタイミングとは 126
7 リリース時に仕掛ける「メディアミックス」 128
8 新聞社へのアプローチ 130
9 テレビ局へのアプローチ 132
10 制作会社へのアプローチ 134
11 雑誌社へのアプローチ 136
12 リリースのスタートと共に 138
COLUMN-5

CHAPTER

効果的な取材対応、そして
どんどん波及させていこう

1 さあ、取材依頼が来た。そのときアナタは 142
2 取材対応で掲載・報道の扱いが変わる 144
3 ここで初めてターゲットは記者から「読者・視聴者」に 146
4 記者も皆さんと同じ人間です 148
5 メディアはブラックボックスではありません 150
6 一過性のリリースにしないために 152
7 プレスリリースの本当の目的 154
8 取材を受けたあと、そして掲載・報道されたあと 156
9 掲載・報道後に仕掛ける「メディアミックス」 158
10 リリース後の効果分析、それを私たちは宝と呼ぶ 160
11 メディアが味方についたなら 162

12 掲載・報道の波及効果　164

13 掲載・報道の成果はこうして「売上げ」「認知度アップ」に
つなげる　166

COLUMN-6

CHAPTER

7 成功事例で見るプレスリリース

1 成功事例から学ぶこと　170

2 解説付き成功事例❶　172
今までにない新しいサービスを生み出した街の
塗装会社が放ったプレスリリース

3 解説付き成功事例❷　174
地域活性のために、地元の石材商社が情報発信
地方紙から全国紙へとニュースが広がる

4 解説付き成功事例❸　176
イラストレーターが作成したカレンダー。
リリースのポイントは「地球を救え」

5 解説付き成功事例❹　178
鉄工所が生み出した「レジャー用品」

6 解説付き成功事例❺　180
直接消費者に知ってもらうために、夢をかなえた

7 解説付き成功事例❻　182
地方紙から全国紙、そしてテレビへ派生
地元イベントの集客に成功

8 解説付き成功事例❼　184
固定観念を外すこと。そこにメディアは注目した

9 解説付き成功事例❽　186
会社を元気にするには、注目を浴びる必要がある

10 解説付き成功事例❾　188
商工会議所から全国紙へ発信！

11 解説付き成功事例❿　190
　　時流に乗って、サッカーボールは羽ばたいた
12 解説付き成功事例⓫　192
　　商品の販売を目的とした一過性のリリースではなく、「食文化」全体
　　を見通したリリースだからこそ

COLUMN-7

EPILOGUE　　プレスリリースはコミュニケーション
　1　プレスリリースのノウハウは、一度で一生もの　196
　2　もう、大企業だけのものではないのです　197
　3　この本で得たテクニックで、たくさんの人と感動を
　　　分かち合いましょう　198

装丁・本文DTP
高橋明香（おかっぱ製作所）

イラスト
石川恭子

PROLOGUE

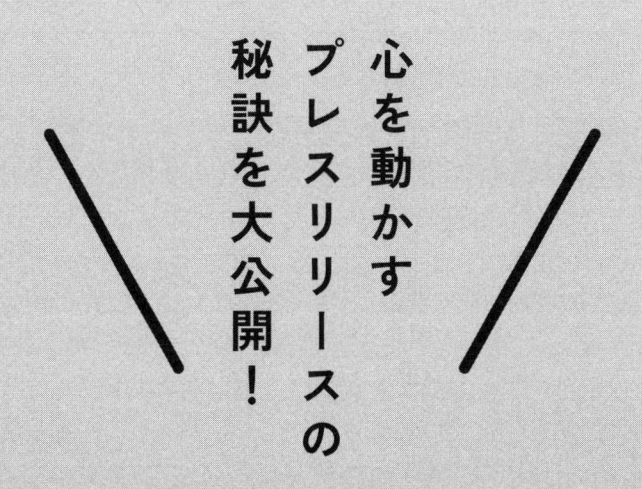

\ 心を動かす
プレスリリースの
秘訣を大公開！ /

1 プレスリリースのテクニックを身につけるのは、今!

皆さん、こんにちは。福満ヒロユキです。
現在、私はコピーライター、広報プランナー、そして、報道ジャーナリストとして日本の中小企業の「商品」「サービス」を取材し、全国の商工会議所でのセミナーや企業研修でたくさんの方々に「広報」という仕事の情報と経験を提供し、共有するという仕事をしています。

そんな中で受講者の皆さんの感心が非常に高くなっているのが、本書で解説する「プレスリリース」です。
新聞やテレビ等のメディアに取材に来てもらい、記事や番組として多くの読者、視聴者に皆さんの「ネタ」を露出する。そのために情報発信するのがこのプレスリリースというテクニックです。

新聞やテレビに広告やコマーシャルを打つと、非常にコストがかかります。そして、最近は明らかに「企業発信の宣伝」に対する関心が消費者から薄れていっているように感じます。

プレスリリースは基本的に「宣伝経費」は必要ありません。つまり、**お金がかからない**のです。
そして何より、公共性の高いメディアを介して消費者の眼に届きますから、「企業発信」というイメージを拭うことができます。

お金をかけずに多くの消費者に関心を持ってもらう。

広告経費を「必要なだけ」計上することが難しい今の時代。
ぜひこのテクニックを活用して、ひとりでも多くの方々と皆さんの「ネタ」を共有し、広報活動に役立てていきましょう!

2 無料で新聞やテレビの取材を生むプレスリリース

「プレスリリースは無料ですか？」
と、よく聞かれますが、はい、無料です。
そして、このプレスリリースというテクニックは、一過性のものとせずに連携してゆけば「大きなメディアの渦」を起こすことができるのです。
そもそも費用をかけて行なう広告で連携しようとすると莫大な金額がかかってしまいます。

その点プレスリリースは**「いかに費用をかけずに多くの人々と情報を共有することができるか」**という広報のテクニック。そして、このプレスリリースの素晴らしいところは、次から次へとメディアを連携させ、掲載・報道の連鎖を生めば、「無料でメディアの担当者の人脈が広がり、流行を巻き起こす」ことも可能なのです。

流行を巻き起こす。
やってみたいですよね。
ただ、そのためには気をつけておかなくてはならないこともあります。たとえば記者や番組制作者の中には「自分たちは公正なメディアを扱う仕事をしている訳で、企業の広告の手先ではない」と言い切る方もいます。

ということは「売りたい」というはやる気持ちをなだめて、**いかに情報として記事や番組にしやすいかを整理して提供する**必要があります。
本書では、今までにないくらいに「リアルなプレスリリース」のテクニックや裏ワザ等、気をつけなくてはならないポイントを絞ってお伝えしていきます。

3 こんなときこそ「必ず使える」。そして威力は「絶大」!

　あなたの商品・サービスが次の項目のどれかに当てはまれば、必ず使えて、絶大な威力を発揮するのがプレスリリースなのです。

◉**世界初、日本初、もしくは業界初等の「初めて」と言えるものである**
◉**世のため人のため、困っている人々を救うことができる**
◉**市場を活性化したり、雇用を促進したり。経済の活性化に一役買っている**

　実はこの3つは、記者や番組制作者が口を揃えて言う「リリース3原則」です。

　「全然当てはまらなかった」という方。ご安心ください。
　私は多くの企業にインタビューを行なってきました。
　そのほとんどの担当者が、最初は「弊社にはそういった特徴がなくて……」と目を伏せます。

　が、しかし！　インタビューを進めてゆくと必ず出てきます。このリリース3原則に当てはまるエピソードやストーリーが。
　そしてそのエピソードやストーリーは、決まって人の**「心を動かす」**ものなのです。

　モノが売れにくい時代。それが今だと言われています。でも「欲しい」と思ってもらえれば、「売れていく」のです。つまり、消費者の心が動けば「売れる」のです。
　プレスリリースはメディアの「心を動かす」テクニック。
　身につけるのは、今なのです。

CHAPTER 1

プレスリリースの成功は準備から

LECTURE 1

プレスリリース成功と失敗の分かれ道

「新聞やテレビに取材に来てもらう方法があったなんて、私、本当に知りませんでした」

私のプレスリリースセミナーに来られる方の中には、こうおっしゃる方がまだまだ多いのです。確かに「取材が来るのは運とコネ」と言われてきましたから、当然ですよね。それでは、イチからスタートです！

しかしながら、意外にも多いのが、プレスリリース実践者。

その1。「プレスリリースを試してみたのですが、まったく取材に結びつきませんでした」とおっしゃる方。

その2。「プレスリリースを行なって取材に来てもらいました。新聞に掲載もされたのですが、思ったような記事ではなくって……。成果に結びつきませんでした」とおっしゃる方。

プレスリリース未経験の方も、実践者その1・その2の方々も、結論から言えば、プレスリリースで目的を達成していませんよね。つまり、プレスリリースを成功させていないのです。かなり厳しい言い方をすれば、実践者その2の場合は、失敗をしてしまっている可能性すらあります。一回掲載されてしまっています。「同じネタが同じ媒体に複数回取り上げられる可能性は低い」からです。そういうネタは、セカンドチャンスは望めないのです。

しかしながらご安心を。本書で解説するポイントを押さえていければ、確実に「成功するプレスリリース」の実践者としてメディアを活用していただけます。また、一度失敗したとしても、起死回生の方法もあるのです。

が、そのポイントをお伝えしていく前に皆さん、私、福満ヒロユ

キとお約束して欲しいことが3つございます。決して難しい約束ではありません。

[お約束の1つ目]
　この本を読んでいる間、そしてプレスリリースを実践している間は、**否定的な考えは捨ててください**。どうせ無理、やっても無駄よ、といったネガティブな思いは時間と労力を無駄にします。すべてをアファーマティブ（affirmative=肯定的）に。ネガティブの反対です。

[お約束の2つ目]
　リリースしたい内容のことを、私は「ネタ」と呼びます。商品、サービス、人物、会社……等々。
　本書をバイブルにプレスリリースを実践される皆さんは、読み進めてゆく間、**常にご自身がお持ちの「ネタ」のことを頭に置いておいてください**。常にネタのことを考えながらこの本を読んで欲しいのです。

[お約束の3つ目]
　本書では私のプレスリリースに関するすべてのノウハウを公開します。しかし、ノウハウは覚えるだけでは役に立ちません。**ノウハウを活用して、どんどんリリースを行ない、メディアを活用し、成果を上げてみせると約束してください**。プレスリリースとは一過性の宣伝方法ではなく、「うまくメディアと付き合うための術」なのです。

　実はこの3つのお約束は、他人にモノを伝えようをするときに、案外気づかずに「流してしまっていること」なのです。大雑把な性格はかまいません。しかし、大雑把な気持ちでモノを伝えると、受け取る側にとっては、どこをどう受け取っていいものか困惑してしまいます。いいですか、皆さん。丁寧にモノを伝えるには、丁寧な気持ちで伝えるということ。その上で本書のテクニックを活用してください。これがリリースの成功と失敗の分かれ道です。

LECTURE 2
「広告」と「広報」の違い

　さて、突然ですが、ここで問題。まずは皆さんにお伺いしたいことがあります。それは「広告」と「広報」の違い。

　「広告とは○○のような感じで、広報とは○○のような感じ」

　と、まずは○○に入る言葉を、こっそり自分の頭の中で考えてみてください。
　いいですよ。どんな答えでも。「広告は、一方通行のイメージで、広報はみんなで分かち合うイメージ」といった答えもあれば、「広告は広く告げる感じで、広報は広く報じる感じ」と、それぞれの漢字から取った「そのままやん！」と突っ込んでしまいそうな答え、中には「広告はバーッて感じで、広報はフワーっという感じ」なんて、メルヘンチックな回答を思い描いた方もおられるでしょう。

　でも、安心してください。この本を手にしている皆さんに間違いなんてありませんから。皆さんが思いついた答えはすべて「正解」です。
　さあ、気を楽にして。いかがです？　頭の中に答えが浮かびました？　大いに悩んでくださいね。

　ね、「広告」と「広報」の違いは案外気づかずに「流してしまっていること」のうちのひとつですよね。普段は明確に分けて使うことが少ないのです。
　今回は皆さんにどんどん「プレスリリース」を行なって「掲載・報道」を成功させていただきたい。そのためにこの本では「広告」と「広報」の違いを定義付けしておきますね。

まず、「広告」とは。

ズバリ**「費用対効果」**です。そう、いくらお金をかけて、いくらのリターンを望むか。チラシをつくってダイレクトメールで送る。これにはデザイン費用がかかりますよね。自分でデザインをしたとしても印刷費用がかかります。もちろん郵送費だってかかります。

雑誌や新聞に広告を出す場合だって同様。広告代理店に支払う金額は相当です。支払う前に、広告を出すことでどれだけ儲けるのかという**「広告のリターン」**を考えてから出すことになります。

しかしながらそのリターンの確実性なんてありませんよね。広告を出せば絶対儲かるなんて口が割けても言えません。

「広告を打つ」という言い方があります。一説によれば、「一か八かのバクチ打ち」なんていうギャンブル言葉が語源だそうです。

そしてお待ちかね。**「広報」**とは。

いかにお金を使わずに、皆さんがお持ちの「知恵」と「勇気」と「決断力」を駆使して、ひとりでも多くの人に商品、サービス、人物、会社などの「ネタ」を伝えるか、なのです。

ここでひとつ知っておいていただきたいこと。それは、広報という将棋板があって、その上に広告という駒をどう配置するか。つまり、いきなり広告予算を組むのではなく、いかにお金を使わずに伝えることができるかを考え、その上で必要な部分に広告費用をあててゆく。

その考え方があれば、限りなくギャンブル性の低い宣伝戦略を実践することが可能なのです。

LECTURE

3 「知らせる」と「伝える」の違い

　もうひとつ問題です。今度は「知らせる」と「伝える」の違い。これも前のページと同様、「『知らせる』は○○のような感じで、『伝える』とは○○のような感じです」と、頭の中で考えてみましょう。

　もちろんこの問題も決まった解答はありません。が、今回プレスリリースの成功率をグンと上げるためにまずは皆さんに、気づかずに流してしまっていることがたくさんある、ということを意識していただきたいのです。
　いかがですか？　浮かびました？

　それでは今回も定義付けをしておきますね。
　「知らせる」というのは、たとえば、チラシをつくってDMを送ってみる、WEBサイト（ホームページ）を更新する、ブログを書いてみる、メールマガジンを発行してみる……。ここまでだと「知らせる」です。
　では、「伝える」とは、皆さんが送ったDMを見た、WEBサイトを見た、ブログやメールマガジンを読んだ人々に、**「問い合わせしてみる」「買ってみる」といった「アクションを促して」こそ「伝える」**となるのです。

　考えてみてください。いかに「伝わっていない広告」が多いか。
　今回はプレスリリース。皆さんは、それぞれお持ちのネタをメディアに「伝えなくてはなりません」。皆さんのネタを受けとった記者や番組制作者に、新聞や雑誌の「記事にしてみる」、テレビの「番組にしてみる」、ニュースで「報道してみる」といったアクションを促さなくてはならないのです。

「知らせる」は、一方通行

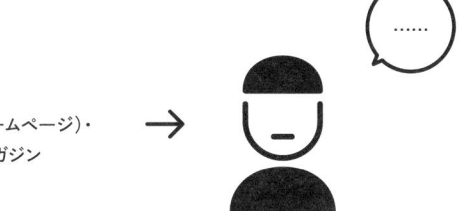

アクションを促さなければ、結果がでない

「伝える」は、アクションを促す

アクションを促してこそ、伝わったと言える

「伝える」ために必要なもの

　それでは伝えるために必要なものってなんでしょう。
　それは**「聞いたら最後、他の人に言いふらしたくなるネタ」**です。しっかりと整理されている情報はそれだけでも立派に価値があるものです。しかし、そこに「感情的な裏話」「ドラマティックなエピソード」なんかが加わると、人から人に伝わる「ネタ」に生まれ変わるのです。

　製品のスペック（サイズや価格等の情報）は、お店で実物を見たらわかるものがほとんどです。しかし！　言い方を変えれば「見なきゃわからない」ということになります。
　テレビや新聞、雑誌は、メディアです。店舗ではありません。さすがに実物を読者の目の前に提供する訳にはいきません。あくまで映像や写真です。つまり、「見て触ってもらえれば一目瞭然」のスペックを説明することに一所懸命になったとしても、読者や視聴者に対しては「伝わりにくく」なってしまうのです。

　記者や番組制作者が読者や視聴者に伝えるべきこと。それこそが、「商品やサービスの生い立ち」「創業者の熱い想い」「事業に携わる人々の心意気」「胸を張れる会社のポイント」等々。つまりは皆さんが準備した情報に「感動できる」ストーリーがあれば、メディアは「伝えやすい」のです。
　記者や番組制作者は、皆さんの商品やサービスの広告をしてくれる訳ではないのです。あくまで読者や視聴者に対して有益な情報を提供できるか。「有益」という言葉を噛み砕いてわかりやすくすると、「聞いたら最後、他の人に言いふらしたくなるネタ」です。
　商品そのものの情報が人から人に伝わりにくくとしても、感情に訴えるストーリーは、「伝える」ために皆さんが紡ぎ出さなくては

ならないプレスリリースのポイントです。

　それでは、具体的に「伝える」ための「感情に訴えるストーリー」とはどんなものでしょう？
　実はそれらの多くは、皆さんが目にしており、耳にしている、言うなれば「日常」にたくさん散りばめられています。
　たとえば40歳の誕生日。
　人生って「人が生まれる」と書きますよね。生まれてくるだけでも奇跡なのに、40歳の誕生日を迎えるなんて、毎年、毎月、毎日、毎時、毎分、毎秒、どれだけ奇跡が折り重なっているのでしょう。

　そんな大げさな！　と思われる方もおられるかも知れませんが、否定はできないと思うのです。誕生日に至るには、その人と周りの人々、今まで関わった人々の壮大なストーリーがあるはずなのです。
　つまり、ストーリーはすでに存在しているのです。その価値に「気づくことができるかどうか」なのです。

　そう考えると山ほどありますよね。友人が結婚した。親戚に子供ができた。甥っ子が無事就職できた……等々。
　それぞれの事柄の「ウラ側」には、折り重なった奇跡が存在するはずなのです。

　「商品やサービス」「創業者」「社員」「会社」等々。そのウラ側の価値に気づくこと。「言いふらしたくなる」ストーリーはそこから導き出すことができます。

「言いふらしたくなるネタ」が、
世の中に伝わってゆくのだ。

LECTURE

5 クチコミに勝る広告なし

　私がコピーライターとして駆け出しの頃、上司に言われた一言です。希望と可能性に胸を膨らませ、「カッコイイ」キャッチコピーをガンガン生み出そうと熱く燃えていた頃のことです（もちろん今は一層燃えて、燃え盛っていますが）。

　「福満君だっけ？　あのさあ、**クチコミに勝る広告ナシだからね**」

　正直ショックでした。「君ごときがする仕事なんて、たいして意味なんてないんだから」って言われているような気がしたのです。
　しかしながら、それから毎日広告コピーをつくり出してゆくうちにこの言葉の意味を理解せざるを得ませんでした。

　クチコミ。それは消費者が生み出す一種のブームです。そのブームの渦を生むために、**耳にしたり目にした消費者が、思わず口ずさんでしまう**、そんな「キャッチコピーや広告」をつくりなさいということだったのです。

　つくり手というものは、ついつい自分の想いだけで突っ走ってしまうものです。それはそれでパワフルでアグレッシブでよいことだと思います。しかし、相手に伝わらなければブームの渦を生み出すという目的からは離れていってしまいます。
　成功するプレスリリースとは、記者や番組制作者を通じて社会に対して大きな渦を生み出すということです。そのためには皆さんのプレスリリース原稿のネタが、まずは「伝わる」ものになっているかどうか。そして、伝えられたメディアが、**記事や番組として多くの人に「伝えたくなる」ものになっているかどうか**。これを考えなくてはいけません。

「PR」という言葉があります。

「これは日本語で何と言うでしょう?」セミナーでクイズを出すと、高い確率で「プレスリリースのことですよね」と受講者から返ってきます。

覚えておいてください。PRとはパブリックリレーションズ(Public Relations)。**「パブリック=みんなの」「リレーションズ=関係」**、そう、情報を共有することで、みんなの関係をつくってゆきましょう、という考え方だということを。そうすれば、ブームという渦は、大きくなっていくのです。

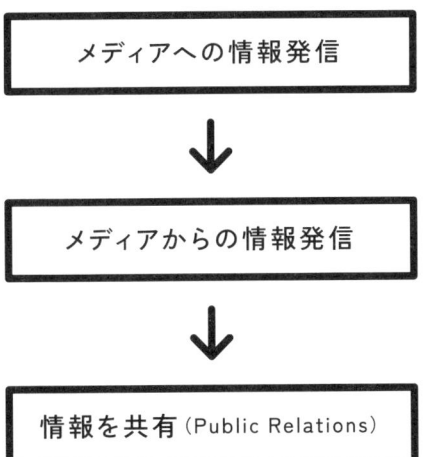

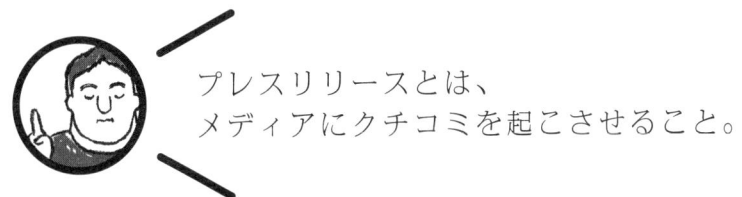

プレスリリースとは、
メディアにクチコミを起こさせること。

LECTURE 6

ネタの準備とは
ネタの整理にはコツがある

　新聞に掲載されたい、テレビ番組で報道されたい。皆さんはその想いがあって本書を手に取られたのだと思います。
　そこで必要になってくるのが、**「何を取り上げてもらうかを明確にする」**ということ。

　漠然と「新聞、テレビに出たい」という感覚では、かなりの確率で皆さんのリリース原稿は、記者や番組制作者の目に留まりません。いわゆる「スルー」されてしまいます。

　「何がなんでも取材に呼んでやる」という意気込みを持つのは素晴らしいことなのですが、リリース原稿という1枚の紙面に意気込みだけを色濃く書いてもスペースに限りがあります。また、番組ホームページのフォームからリリースのネタを送信するとしても、字数に限りがあります。そして何より、リリースを送る全員が限られた枠の中で相手の心を動かすような文章のプロではないのです。

　ちょっと安心された方もおられるかもしれませんね。そうです、文章を書くプロでない方でも、ちょっとしたコツをつかめば記者や番組制作者が取り上げたくなるようなリリース原稿が書けてしまうのです。

　そのために必要なこと、それが**ネタの準備**です。
　皆さんがメディアに取り上げてもらいたいこと、それを整理し、メディアが受け取りやすいようにしてあげます。つまり、相手に伝わりやすくする。

　私はクライアントに常に次のフレーズを意識してもらいます。

「モノを売ろうとしても、なかなか売れない時代。それでも売る方法があるのです。それは、相手に欲しくなってもらうこと」。

欲しくなってもらうにはどうすればいいのか。相手に伝わりやすいように自分の売り物を整理するところから始めるのです。そこで、失敗しがちな準備にはこのようなことがあります。

[失敗するネタ準備例その１]
とにかく宣伝してくれればいいという魂胆がミエミエ。

商品の特徴はさておき、とにかく売れれば儲かる！ 売りたい、何としても売りたい！ 新聞、テレビに取材に来てもらったら、売れる！ 売れる！ 売れる！ という嚙みついてきそうなネタの見せ方。このような場合、リリース原稿も安売りチラシのようになっている場合がほとんど。

[失敗するネタ準備例その２]
クレームをネタにしてリリースを考えている。

競合企業の商品や行政を相手にクレームを起こし、それに対して「ウチの製品はねぇー、違うんですよ！」と切り口を用意。私でもクレーマーと関わりたくないくらいなのに、マスメディアはなおさら敬遠することでしょう。

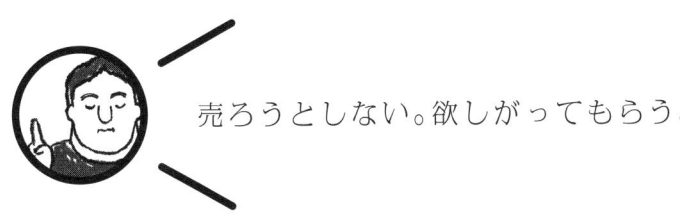
売ろうとしない。欲しがってもらう。

LECTURE 7

ネタの整理例その❶
商品やサービスをネタにしよう

「ウチは商品へのこだわりがすごい」「他にないサービスを行なっている」等々。扱っているモノをネタにしてリリースを行なうことにしました。さて、最初に整理して欲しいこと、それは、

・価格　・機能　・内容

……ではありません！　びっくりしました？　ほとんどの方がこの３つから伝えようとします。が、これらはもう少しあと。まず整理して欲しいことは、皆さんがネタとする商品・サービスを、

・誰が　・どういった想いで　・誰のために

生み出した商品なのか。これを整理することが、まず始めにしなくてはならないことなのです。商品やサービスが生まれるためには、もちろん生み出した人がいます。その際にきっと色々なドラマ、エピソードがあったはずです。

生みの苦しみはもちろん、紆余曲折もあったはず。なかなか思い通りのモノにならなくて、頭をかかえた日々もあったはず。価格や機能からではなく、どういった人が、どういった想いを込めて、誰の笑顔のために、その商品を生み出したのか。

あなたが生み出したその本人であれば、ゆっくり想いを馳せてみてください。商品・サービスを生み出そうとしていた頃のことを。

そして、あなた以外の方が生み出したのであれば、ぜひ尋ねてみてください。生み出した本人、もしくはそのときのことを知っている人々に。

CHAPTER1

プレスリリースの成功は準備から

エピソード事例　小金屋食品

　大阪で納豆工場を営んでいる社長、吉田恵美子さんからの相談。

　主婦が5人で無添加にこだわり、手づくりでつくっているため、1日の生産個数が2,000～3,000個。現状としてはスーパー等に卸し、販売を委託しています。コストは極限まで抑えているけれど、他の大手メーカーとは差が出ていることが否めません。直接消費者に販売するためにネット販売で詰め合わせを販売し始めましたが、広告費用を十分に割くことができず、悩んでいました。そんな折、プレスリリースという手法を知り、私、福満ヒロユキに相談。

　福満ヒロユキが取材し、ネタを紡ぎ出しました。結果、新聞、テレビで取り上げられ、価格を維持したまま新しい販売ルートが開けたのです。現在は直売所をかまえるまでに事業は拡大しています。

　さあ、小金屋食品のネタは66ページに！

新聞・テレビの取材が後を絶たなくなった小金屋食品株式会社
http://www.koganeya.biz/

LECTURE

ネタの整理例その❷
人物をネタにしよう

　「**ウチはなんといっても名物社長。これをネタにしない手はないんですよ！**」と思っている皆さん。素晴らしいことです。社長のことを誇らしく語れる社員。会社の宝です。もしあなたが社長ご自身だったとしても自分のことをそこまで言い切れるのは本当に素晴らしい！　胸を張ってください。社会の宝です。
　「もともと商品やサービスをネタにしようと思っていたけど、整理しているうちに社長自らをネタにしたほうがいいような気がしてきました」
　こういったご意見はセミナーの途中でもよく出てきます。ステキなことです。私はこれを**「気づき」**と呼んでいます。
　アイデアが豊富で、商品やサービスの企画もひとつやふたつではない。そしてプレゼンテーションが得意。こういった方であれば、商品やサービスをネタにしていくよりは、人物という切り口でリリースのネタになっていただくほうが新聞・テレビ等のメディアの枠も広がります。ドキュメンタリー番組だって、人物が出てこないものはありませんから。

　そして何より、**「次のリリースにつながりやすい」**のです。
　リリースは一過性のものではなく、「メディアと常にうまく付き合う術」なのです。
　「おもしろい社長（人物）がいる」となれば、メディアはマークしてくれやすくなります。
　「次に何をやってくれるんだろう？」「次にどんなサービスを始めてくれるんだろう？」
　そうやって期待されたら、ほら、「欲しくなってもらっている」ということなのですから。

エピソード事例　**オークマ工塗**

　ものづくりの街として知られる東大阪で塗装業を営んでいる株式会社オークマ工塗の社長、大熊重之さんは、新たなサービスの広告のため、福満ヒロユキのプレスリリースセミナーに参加。

　1個からでも塗装を引き受ける「試作塗装」のリリースを考え、原稿を作成しリリース開始。全国5紙、業界紙、専門誌に掲載されました。大手タイヤメーカー、自動車メーカーから問い合わせが来ましたし、メディアに取り上げられたのを機会に、社員一丸となり、これからの広報を考え出しました。

　企業のドラマと社長の人物像をネタとして、福満ヒロユキが取材。コピーライティングし、ホームページで「オークマ工塗物語」として公開。

　さあ、オークマ工塗のネタは70ページに！

リリース成功の結果、大手企業からの直接問い合わせが来るようになった株式会社オークマ工塗　http://www.okumakot.com/

LECTURE

ネタの整理例その❸
企業・会社をネタにしよう

　「他社にはない面白い製品開発。それは他社にはない企業スローガン、そして取り組みの姿勢から生まれてくる」という会社案内のコピーがありました。
　もしあなたが会社員で、**「これってわが社だけ？」**と思うようなことがあり、それに気づいたのであればネタにしない手はありません。
　たとえば「朝礼の際、社員が持ち回りで落語をする会社」。十分ネタになります。「いや、落語朝礼で新聞・テレビに出たところで、仕方ないじゃない」なんて思わないでくださいね。
　前項でも言いました。「プレスリリースとは、メディアとうまく付き合う術」である、と。
　一過性のものではないのです。メディアと仲良くなるにはまずは会って話をするところからスタートです。商品、サービス、人物と試してみたけどなかなか反響がなかったという方。この「会社・企業」という切り口でネタを紡ぎ出すことを試してみてください。「おもしろい会社だな」と伝われば、メディアは突っ込んで興味を持ってくれます。そこから派生して、商品・サービス、人物の取材にもつながりやすくなります。

　メディアは皆さんからのネタを待っています。ただし、漠然と「掲載されたい、報道されたい」では彼らも取り上げようがありません。もちろん熱意は必要ですが、合わせて必要なもの、それがメディアに対して伝わりやすい、取り上げやすい「整理されたネタ」なのです。
　さあ、まずは皆さんがお持ちのネタを、商品・サービス・人物・企業のどの項目に分類し、整理したらよいかひとまず定めてみましょう。「商品からスタートしたけど、途中でやっぱり人物に」といった心変わり、リリースの成功のためには大歓迎です！

エピソード事例　**劇団天八**

　私、福満ヒロユキがプロデュースする「劇団天八」。常に誰かが喜ぶネタを脚本にして舞台化しています。
　たとえば国内消費量よりも輸出量の伸び率が上回った日本酒業界。江戸時代から続く昔ながらの地酒を広報するために劇団天八は立ち上がりました。
　取材を重ね、脚本化。福満ヒロユキのプロデュース、演出のもと、演劇イベントとして舞台上演。拍手の鳴りやまぬ中、涙をぬぐう外国人バイヤーの姿も見えます。
　どのようにネタを紡ぎ出したのか、詳しくは78ページに！

社会性のある題材のステージの広報は、プレスリリース活用が必須の劇団天八
http://www.tenpachi.jp/

COLUMN 1

リリース原稿のコツのコツ

コラムでは、「掲載率が高いプレスリリース」「記者たちの本音」を綴っていきます。今回は「リリース原稿の約束事」です。

プレスリリースは、伝えたい内容の原稿を作成し、新聞社や雑誌社、テレビ局やテレビ番組を制作している会社にファックスやメールで送信し、情報提供を行なって取材に結びつけるというもの。基本的には無料です。

方法はいたって簡単。しかし、掲載率の高い原稿には次のようなコツがあるのです。

● 原稿作成のコツ1

まず、ひとつのリリース原稿に対して盛り込むネタはひとつ。何よりも「伝える」ということを最大限に意識します。

ひとつの原稿により多くの内容を詰め込みたい気持ちはよくわかります。しかし、その道のエキスパートである皆さんが原稿に書く内容は、皆さんが日常的に使われている言葉を使っての当たり前の内容だと思いますが、その業界に関する知識が乏しい記者たちにとっては、まったく初めて目にする内容。

ひとつの内容だけでも未知なる世界の入口なのですから、それが一枚の原稿の中に2つ、3つといくつものネタが入ってくると「何を伝えたらいいのか」がぼやけてしまうのです。

他にも取り上げたいネタがある記者たちは、内容がぼやけて見えるリリースを「スルー」せざるを得ないのです。

● 原稿作成のコツ2

そして、広告チラシのキャッチコピーのようにならないこと。

記者たちは、ある理念、ポリシーを持って取材や記事執筆に励んでいます。その理念とは、「自分たちは企業の広告の手先ではない」ということ。あくまで公共のメディアを扱っているというポリシーを持って日々の業務を行なっているのです。

ここで皆さんから送られてくる原稿が「安い！早い！旨い！」というような感じで「売り文句」だけが並んでいたら、敬遠されてしまうことも実際にあるのです。

自分や自社の利益はリリースの成功の結果として現れるもの。リリース原稿には、世の中や社会の利益を明確に記載しましょう。

CHAPTER 2

新聞記者やテレビ番組制作者が欲しがっているもの

LECTURE

1 それはズバリ、感動なのだ！

　前章では、ネタの整理について「どの項目をメインにすれば伝わりやすいか」を考えてきました。次に行なうのは、より一層深く、新聞記者や番組制作者に伝わり、「記事にしたい」「番組にしたい」と思ってもらえる内容にする構成についてです。よくセミナーで引用させていただくお話として、「作業と仕事の違い」というものがあります。

　さて、ここでまたもや問題です。

　「作業」と「仕事」の違いについて、簡単に説明してください。

　これも以前の問題同様、「作業は○○な感じで、仕事は○○な感じ」と答えていただいて結構です。
　イメージでも結構です。皆さんが普段感じていることを思い浮かべていただければOKです。普段感じていなかったら、これを機に考えてみましょう。

　いかがでしょう？

　私はセミナーや企業研修の際、このクエスチョンに関して次のように解説します。
　「作業というのは、誰かの指示に沿ってただ動くということ。仕事というのは、自らが感じて動くということ」。

　自らが感じて動く。
　そうです。「感動」ですよね。**仕事には常に感動があるのです。**皆さんだって、感動しながら仕事がしたいはずです。皆さんの仕事

CHAPTER2 新聞記者やテレビ番組制作者が欲しがっているもの

で他人に感動を与えたいはずです。しかも感動のすごいところは、「分かち合うことができて、分かち合えば分かち合うだけ増える」ということなのです。

　　記者や番組制作者だって同じです。

　　感動しながら仕事がしたいし、感動させながら仕事がしたい。皆さんがお持ちのネタで、感動できる部分はありますか？　商品やサービス、人物、企業……。この世に存在する限り「感動」が必ずあるはずです。感動がなければ、続いているはずがないのです。
　「世の中に必要とされない企業は残らない」と言われるくらいなのですから。
　必要とされるということは、「役に立っている」ということ。役に立つということは、必ず誰かの「ありがとう」が存在するはずなのです。
　この商品を開発してくれてありがとう。
　こんなサービスがあればいいと思っていたんです。ありがとう。
　この会社に入ったから、頑張っている自分がいるんです。ありがとう。

　この章では、一緒に感動できる部分を見つけて、紡ぎ出していきましょう。
　それでは、ワクワクの感動体験、スタートです。

記者が感じる、メディアが動く。

35

LECTURE 2 新聞記者やテレビ番組制作者も皆さんと同じ。「伝えたい」

　人が感動したとき、何が起こるでしょうか？
　ほとんどの人が、何かのアクションを起こします。それが、商品の購入なのか、その場所へ行ってみるのか、問い合わせをしてみるのか。さまざまですが、アクションを起こすものです。
　たとえば、「この間プレスリリースセミナーに出てさぁ、こんな話を聞いたんだけど……」。他人に話してみる。もっとざっくばらんに言えば**「言いふらす」。これだって立派なアクションです。**

　いいですか、皆さん。新聞記者や番組制作者も同じです。取材して記事にする、番組にして報道する。これは皆さんから得た情報を読者や視聴者に言いふらしてみるのと同じことです。だって自分自身「イイ！　このネタ！」と思ってしまったのだもの。
　ある新聞記者が言いました。
　「福満さん、僕はね、**いいなって思ったことを1人でも多くの方々と分かち合いたいんですよね。**この仕事って、それができるんですよ。だからやめられないんですよね」。

　なんと心強い。思わずそう彼に言いました。少し照れたようにハニカミましたが、それでいて引き締まった表情を私は忘れません。皆さんがステキな情報を得たとします。思わず誰かに教えてあげたい。それは皆さんの優越感を満たす以上の素晴らしい感覚が働いています。**「分かち合う」**という素晴らしい感覚が。

　感動するネタは、何もいつだって「お涙ちょうだい」のストーリーでなくていいのです。思わず誰かに話したくなってしまう。そういった事実が記者たちにとっての最高のネタになるのです。記事や番組にして1人でも多くの人に「伝えたい」ネタになるのです。

CHAPTER2 新聞記者やテレビ番組制作者が欲しがっているもの

人から人へ伝えたい。
新聞記者や番組制作者にとって
それが仕事なのです

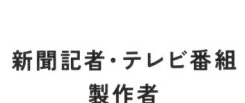

記者や
視聴者に

お客様や
大切な人に

言いふらしたい

新聞記者・テレビ番組
製作者

リリースを
発信する人

皆さんと同じ気持ちなのですよ。

37

LECTURE 3 ネタになるものを書き出してみる

　ネタ探し。
　今からネタの整理を始められる方々にはもちろんですが、すでにリリースしたいネタがある方にもぜひ知っておいていただきたい項目です。
　あるスゴ腕新聞記者がこんなことを言っていました。
「普段ね、ほんの少しでも時間が空いたら書き出してみるんですよ。自分が興味を持っていることを、単語で」
　なるほど、彼は**自分が興味を持っていることを普段から整理している**訳です。だからリリース原稿に目を通しているときに、自分の**「興味あること」**と**「ネタ」**が合致したものをピックアップしていく。確かに取材にも熱が入りますよね。記事にも力がみなぎります。だって自分が興味を持ったネタなのですから。

　これを皆さんに置き換えてみましょう。
　ご自身が扱いたいネタを整理するとき、ついつい文章からまとめに入ってしまいませんか？　そして途中でなんだかモヤっとしてきて、しっくりこなくなって。「文章苦手だしなぁ」というつぶやきが口からこぼれて……。そんなときに限って他にしなくてはならないことを思い出して、気がつくとネタがまとまらない。

　これを解消する方法が先ほどのスゴ腕新聞記者のテクニック。**単語で書き出してみる**のです。文章にせず、単語で。文章を書くプロと言われている彼ですら、単語で書き出しています。自分の興味あることを整理するために。
　皆さんが真似をしない手はないと思います。
　実際に私もリリース原稿や、クライアントのキャッチコピー等を考えるときはいきなり文章では書きません。単語をいくつも出して

いきます。そして関連性のある単語をくっつけてみたりします。

そうすると、案外簡単にネタの切り口が浮かんできます。

文章のプロが知っていて、実は皆さんも実践できること。それは、いきなり長い文章で考えるよりも、単語のほうが思い浮かべやすく、また、「相手にも伝わりやすい」ということなのです。

ネタ帳公開

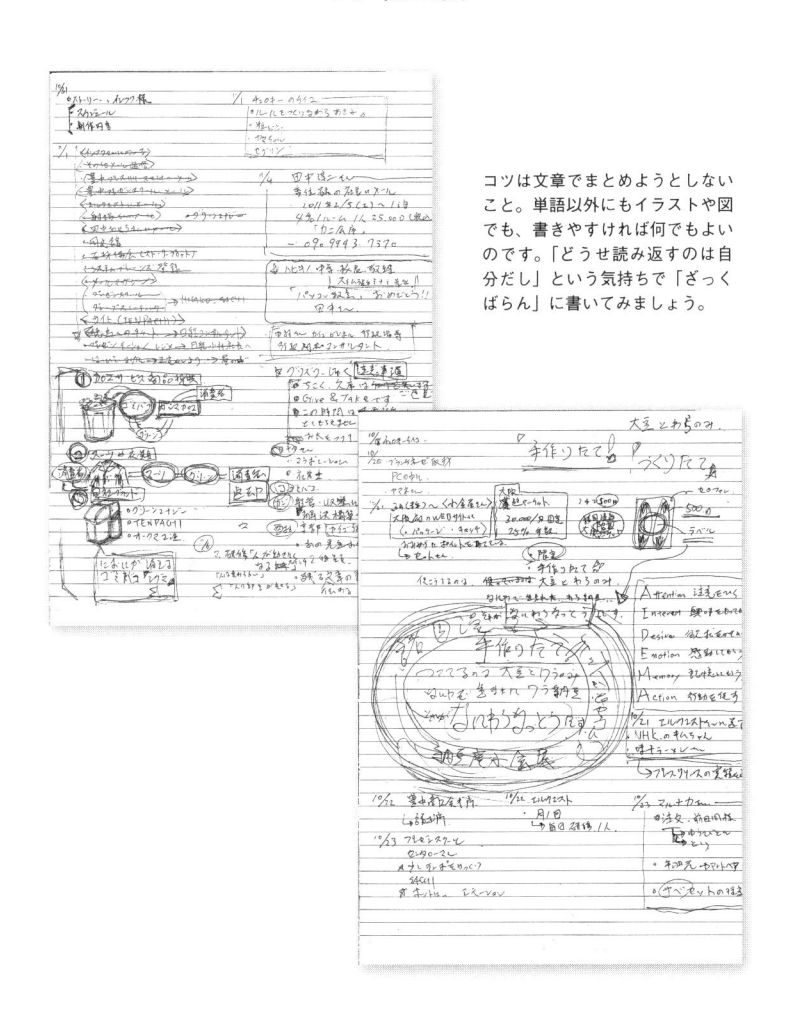

コツは文章でまとめようとしないこと。単語以外にもイラストや図でも、書きやすければ何でもよいのです。「どうせ読み返すのは自分だし」という気持ちで「ざっくばらん」に書いてみましょう。

LECTURE 4 ネタの角度を変えてみる

「ネタの角度を変える」、言い換えれば「ネタの見せ方を考えてみる」ということです。たとえばここにイチゴのショートケーキがあるとしましょう。皆さんはこのイチゴのショートケーキをリリースしなくてはなりません。まずは書き出してみます。誰がどんな想いでつくったのか。誰の笑顔を思い浮かべながらつくったのか……等々。さて、その時点であることに気づいていただきます。それは何でしょうか？

それは、イチゴのショートケーキのことだけを頭に思い浮かべているということです。赤いイチゴの乗った生クリーム、スポンジケーキが重なっているおいしそうなイチゴのショートケーキ、そのイメージだけで頭がいっぱいになっていることを。

しかし、考えてみてください。イチゴや生クリーム、スポンジケーキのそれぞれのこだわりはもちろんなのですが、お客様に販売するときの箱や飾り、常に最高の状態でご賞味いただくために注意をしていること、店舗のこと、販売員のこと……。

イチゴのショートケーキひとつにしても、さまざまな環境が取り巻いています。それぞれの角度からイチゴのショートケーキを見ることで、いろいろな角度でネタを表現することができるのです。たとえば、「1,000種類近くのイチゴのショートケーキを食べてきたパティシエがつくるイチゴのショートケーキ」。「北海道なのにあえて鹿児島から取り寄せたイチゴにこだわったショートケーキ」。

角度を変えてみれば、いくらでもリリースネタの切り口は出てきます。「ウチの商品、今さら新しい切り口なんてないしなぁ……」そんなことはないのです。

切り口は見つけるものであり、**ときとして生み出すもの**なのです。

CHAPTER2 　新聞記者やテレビ番組制作者が欲しがっているもの

　この感覚は以降の章でも度々形を変えて登場します。たとえば「日本初」といった見出しに盛り込まれる新規性を表現する際、ついつい、「ウチの商品は今まで世の中にあったものだから、新規性なんてないしなぁ」といった、ちょっとあきらめそうな感覚がよぎったとき、角度を変えるだけで十分な新規性が生まれるということもあるのです。

切り口を生み出す

大枠の環境
北海道・鹿児島

中枠の環境
店舗・販売員

商品を取り巻く環境を図にして色分けしてみましょう。それぞれの環境に切り口が存在するのです。ここは皆さんの「探究心」「情報収集力」の見せどころ。しかしこのふたつがメディアを動かすことをお忘れなく。

取り巻く環境にある切り口のヒント。

LECTURE
5 ネタの見せ方作成例❶
商品・サービス編

　前項の続きで商品・サービスを掘り下げていきましょう。
　今一度イチゴのショートケーキを例にします。見せ方を考える際、まずは今までの本書の内容を復習しながら進めましょう。
　まず、関連する単語を書き出してみます。
　イチゴ、生クリーム、スポンジケーキ、パティシエ、店員、箱、飾り……かなり多くの単語が出てくるでしょう。それでは今回は前項の「1,000種類近くのイチゴのショートケーキを食べてきたパティシエがつくるイチゴのショートケーキ」で考えてみます。

　ここで必要なのは、**「裏付け」**です。
　パティシエとして1,000種類のイチゴのショートケーキを食べたのであれば、きっとそれぞれの商品に対しての感想を持っているでしょう。その感想の中でも、それぞれのよい部分をホームページやブログで紹介してみましょう。悪い部分を見つけ出してわざわざ公表する必要はありません。
　リリースする際は、そのホームページ・ブログをネタにしてみましょう。
　裏付けとして必要なことは、「実際に食べた」ということが記者や番組制作者にわかれば十分です。
　パティシエとして、そして、1人のケーキファンとして、「やっとたどり着いた味なんだな」と感じてもらえれば、それが**「感動」**に変わります。自分のつくったイチゴのショートケーキの**味を一所懸命説明するよりも、**はるかに**「伝わりやすい」**ものなのです。

　こうやって考えてゆくと見せ方・切り口は無限に広がっていきます。必ず皆さんのリリースの切り口に当てはまる見せ方が見つかるはずです。

「裏付け」を情報公開するには、ホームページ・ブログの活用を

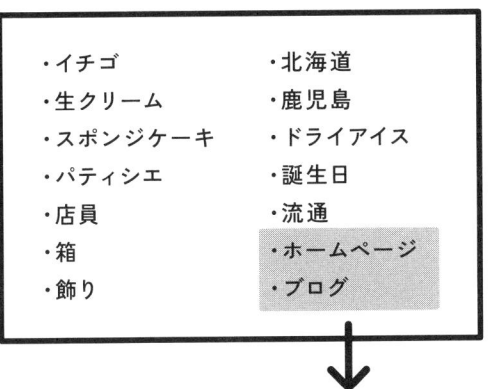

```
・イチゴ          ・北海道
・生クリーム       ・鹿児島
・スポンジケーキ    ・ドライアイス
・パティシエ       ・誕生日
・店員            ・流通
・箱             ・ホームページ
・飾り            ・ブログ
```

↓

この部分を裏付けとしてピックアップ

↓

**実際に1,000個の
イチゴのショートケーキを食べた**

裏付けが切り口になる。

LECTURE 6

ネタの見せ方作成例❷
人物編

　さて、それでは人物も実践形式でいきますよ。
　名物社長にスポットを当ててみましょう。
　まず必要なものは、現在の社長像はもちろんなのですが、やはり**「生い立ち」**。これは記者や番組制作者は必ずといって聞いてくるところです。この際「恥ずかしい」はどこかに置いておいてください。せっかくです、胸を張っていきましょう。
　今洗い出した生い立ちがそのまま記事になったり番組になったりする訳ではありません。ですので、まずは生まれた頃から今日まであった「トピック」をまとめてみてください。ついつい皆さん直近にあったことや会社設立直前のことだけをまとめてしまいがちです。しかし記者や番組制作者は**「なぜ現在に至ったのか」「どのポイントで今を考えたのか」**という部分にドラマを感じるようです。
　まずはトピックを年表にまとめてみましょう。そしてそのトピックに肉付けをしていきます。決して誇大表現はしないでくださいね。ありのままの事実を自分以外の誰が読んでもわかるようにまとめてみてください。もし自分で書きにくいようでしたら、コピーライターに取材をしてもらって書いてもらうのもひとつの手です。

　次に**「嬉しかったこと・苦しかったこと」**をまとめてみます。つまり「感情」の部分ですね。どういったことを嬉しく感じて、どういったことを苦しく感じてきたのか。表面的な説明よりも、ずっと人の心に伝わるものです。自分自身では当たり前に感じていることでも、他人にとっては「ものすごいドラマ」なことだったりするのです。
　こうやってまとめておくことで、リリース原稿はもちろん、取材対応のときでも記者や番組制作者に「リアルな人物像」を伝えることができ、**「躍動感溢れる」**記事や番組へとつながるのです。

ライフインベントリー
（人生の棚卸し）

氏名（所属）：大熊重之（株式会社オークマ工塗）

年代		経歴	価値観・性格形成の背景となる エピソード、イベント、事件など
2000	5月	㈱オークマ工塗創業	当初50坪の石切工場で、社員（現工場長）と パート4人で始める ほとんどの管理は社長がやっていた 親会社大正の仕事が100％であった
	10月	2つの工場を見ることになる	親会社の布市工場100坪を合併 親会社の仕事50％になる 売上　1億1600万円
2002	10月	中小企業家同友会に入る	同友会メンバーと出会い、3Sを教わる 親会社の仕事比率ほとんどなくなる 社員が自らゾーン管理システムをつくる 売上　1億3000万円
2003	1月 2月 7月	オンリーワン研究会に入る 経営指針成文化セミナー ISO研究会に入る	龍谷大学と共同研究を始める 経営まるかじりクラブのメンバーに出会う 幹部で毎週金曜日はISO勉強会 同友会メンバーにすすめられて 売上　1億2500万円
2004	1月 4月 5月	内部品質管理セミナー 会社訪問 ホームページ作成 ISO9001：2000認証取得	幹部6人で受講 同友会メンバー訪問会でIT営業を教わる ホームページによる事業改革の講演を聴いて 品質管理責任者が会社のチェック機関になる
	6月	7つの習慣セミナーをする	土曜日　全社員で丸1日セミナー 仕事の意味や目的を考える

事実に肉付け、ネタになる。

LECTURE

7 ネタの見せ方作成例❸
会社・企業編

　それでは3つ目、会社・企業編です。ポイントを押さえていきましょう！

　会社・企業の場合は、今まで行なってきたことや取り組んできたことをピックアップします。そしてそれらが他社では行なわれていないことかどうかを調べる必要があります。ただ、完全に調べるには時間と労力がいくらあっても足りません。ここで知っておいていただきたいことが、**「インターネットで検索してみて他に類がないようであれば十分ネタになる」**ということです。

　今までメディアで話題になったことがあるのであれば、必ずネット検索でヒットするはずです。もしヒットしないのであれば、

● 今までになかった
● 話題になったが、忘れられてしまうほどの昔
● 話題にすらならなかった（メディア掲載・報道されなかった）

のどれかに当てはまります。

　たとえ以前は話題にすらならなかったとしても、時代は常に流れています。メディアも常に変化しています。

　早速リリースできるネタをピックアップしてみましょう。

　その次に、「こんなことやってみよう」とネタになりそうなことをつくりだし、実践してみる。

　これはメディアに取り上げてもらうためにその場限りのネタをつくってください、という訳ではありません。会社として、企業として、常に新しい取り組みを行なうことは、皆さん日頃から実践されていると思います。「そういった内容も十分リリースのネタになる」ということを覚えておいてください。

つまり、社内で会議を行なって、「これからはゴミのリサイクル99.9%運動を社員全員で取り組もう」といった内容が出たのであれば、社内だけでなく、**メディアにリリースすることも同時に考えてみること**で、ネタに困ることはなくなるということなのです。

メディアとうまく付き合うために、まずは常にプレスリリースが会社や企業の業務の中に組み込まれていることが重要なのです。

そして何より、「業界の常識は社会の非常識」という言葉もあるくらい。あ、これは悪い意味ではないのですよ。自分たちの中で当然と思われていることや、普段行なわれていることが、実は世の中ではものすごく衝撃的で新規性に溢れていて魅力的なことだという可能性があるということなのです。

世の中という言い方が漠然としているならば、これではどうでしょう。

「自分の業界の常識は、他の業界ではまだ常識になっていない」

そう、大切なのは固定観念を捨てて、「これはもしかして他の業界から見たら面白い取り組みなのでは？」と思い立つことが大切なのです。

会社・企業をリリースする際の3つのポイント

- 社長や広報1人で考え込まない
- 会議を有効に使ってネタを共有
- 社員全員からアイデアをもらう

リリースを出さない限りはその可能性すらない

まず、皆さんに知っておいていただきたいことがあります。

それは、「**記者や番組制作のディレクターは決して特殊な人ではない**」ということです。

「何を当たり前なことを言って……」と思われた方もおられるかもしれませんが、ついつい新聞・テレビ等のマスメディアを、中身の見えない「ブラックボックス」のようにとらえてしまっている方をたくさん見受けます。

そう思っている方のひとつ目のパターンは、「取材というのは、どこかで自分の持っているネタ（製品・サービス）を記者が勝手に見つけてくれて、向こうからアポイントを取るための電話をかけてきて、その結果、掲載・報道されるものだ」というように思っている方。2つ目のケースは「メディアにコネクション等のつながりがないと無理」と思っておられる方。

もう一度言いますよ、皆さん！組番制作のディレクターは決して特殊な人ではないのです。皆さんと同じように、新聞社に勤めている、番組制作会社に勤めている、テレビ局に勤めている、ひとりの働く人間なのです。

皆さんから「ネタ」という材料を仕入れて、記事や番組に加工して、読者・視聴者に提供する。**仕入れて加工して提供する**。ビジネスの流れそのままですよね。

●プレスリリースも特別なことではない

記者や報道関係者にとっては、皆さんからネタが送られてくることは日常のことなのです。

ですから、「こんなの出しても、きっと掲載されないだろうな」ではなく、「知り合いに手紙を出す」ぐらいの気持ちでリリースを送信していただきたいのです。

掲載や報道がされるかどうかはもちろんメディアが決めます。しかし、リリース原稿を出さない限りはその可能性すらないのですから。

世の中に知って欲しいこと、社会で共有したいこと。そんなことを思いついたら「みんなでシェアする」という感覚で気軽にメモをしておいてください。リリースのネタはそんなメモの積み重ねから生まれてくるものなのです。

CHAPTER 3

ストーリーを組み立てる

LECTURE 1

ネタが見つかったら、ストーリーを紡ぎ出す

　単語を書き出し、整理をして、「よし！　これでいってみよう」というネタが見つかったら、次は**ストーリー**を紡ぎ出します。

　ストーリーとは、ネタの生まれたバックグラウンド（誰が、何を想って、誰のために考え出したのか、など）から始まり、現在どうなのか、そしてこれからどうなるのかをわかりやすくまとめたものになります。

　リリース原稿の心臓部にもなるところですから、練りに練っていただいて結構です。決して上手な文章にする必要はありません。たどたどしくてもOKです。

　そして、**必ず裏付けを用意して書き進める**ようにします。たとえば、「多くの人に喜んでもらっています」という表現よりも、今までお客様からいただいたサンキューレターやサンキューメールを抜粋して記載したほうが説得性も高くなるでしょうし、「これからの市場の伸びを促進させるでしょう」という書き方よりも「現在○○円と言われている○○市場（経済産業省調べ）が、この商品を導入することで○○円の拡大を望めます」と記載するほうが記者や番組制作者はリリース情報として扱いやすいものになるのです。

　ストーリーは事実であること。人物が絡めばよりわかりやすくなります。商品やサービスだって、生み出した人がいるはず。その人々の苦労話、完成したときの喜びのエピソードがあれば「伝わりやすく」なるのです。

　商品やサービス、人物、会社。そのモノを「売ろう」としたストーリーは残念ながら取り上げられる確率は低くなります。あくまでストーリーを通して情報を「共有」するという前提の元にストーリーを組み立てていきましょう。

　さあ、次項からはストーリー作成の実践編です。

ストーリーで情報を共有する

> 誰が、何を想ってこの商品を開発したのだろう?
> どんな人が喜んでくれているのだろう?
> 社会にどんな貢献ができるのだろう?

- 売りたい！ここが他よりいい！安さで比べて！
- これは NG
- 売りたい！買って！これが売れれば儲かる！

> 商品やサービスのメリットは、セールストークではなくストーリーにすると人々は受け取りやすいのです。

CHAPTER3 ストーリーを組み立てる

LECTURE 2 鍛えろ！ インタビュー能力！

　精度の高いリリースの原稿を書くために必要なもの、それは「記者や番組制作者に『伝わる』ストーリーをどれだけしっかり紡ぎ出せるか」ということがカギだということは今までお伝えしてきましたね。

　さて、そのストーリー、上手な文章が書けなくても大丈夫です、ともお伝えしました。しかし、本当に伝えたいことからピントがずれていると文章の上手、下手に関わらず、「伝わらない」ものになってしまいます。

　ピントがずれている。これはどういうことでしょうか。

　一番よく見かけるのが**「ネタを盛り込み過ぎている」**パターン。ストーリー部分にあれもこれもとエピソードを詰め込み過ぎて、読み手が集中できなくなってしまっている状態ですね。記者や報道関係者は文章のプロです。したがって多少ラフな文章であったとしても内容は理解してくれます。

　しかし、伝えたいことを盛り込み過ぎて、結局何が言いたいのかわからない「文章の塊」になってしまうと、読み解くのに時間がかかりますし、何を取材したらいいのかよくわからなくなってしまうのです。

　その結果、せっかくいいネタなのに、ストーリー部分が読み解けなくて（もしくは読むのに時間がかかり過ぎて）、結果的に横によけられてしまうことになります。そうならないために鍛えておいて欲しい能力。それが**インタビュー能力**です。

CHAPTER3 ストーリーを組み立てる

　インタビュー能力というと一般的には自分自身に対して使うものではなく、他人に対して用いるように思われがちです。しかしながら、精度の高いストーリーを組み立てるには、**自分自身にインタビューを行なう能力**も必要になってきます。

　といっても頭の中で自問自答しても考えがまとまらなかったり、問いと答えの堂々巡りが始まったり……。
　そこで、次のページからはインタビュー項目をシートにして用意しました。これは実際に私が使用しているインタビューシートであり、9割近い成功者を輩出しているプレスリリースセミナーでも実際に活用しているシートの質問項目でもあります。
　精度の高いストーリーを組み立てるために、ぜひ活用してくださいね。

　シートの項目を埋めてゆくことで、誰のために何を想って今回のリリースのネタが生まれてきたのかを自分の中で再確認することができるでしょう。
　自分自身の中でわかっていることであったとしても、相手に伝わるようにまとめられるかどうかは別。シートによってうまく導き出してみてください。
　そのためには、設問の内容を考え込んで上手に答えることよりも、むしろ「直感」で答えてくださいね。
　直感から導かれた答えは、きっと皆さんの想いそのものであり、メディアが知りたい「本音」の部分なのです。

次のページからは見開きで設問シートになっています。
コピーしてお使いください。

最強プレスリリース実践　インタビューシート

1. あなたのリリースしたいネタのターゲットの顧客の属性は？
   （職業、年齢、性別、年収、地位……）

2. 彼らはどんなことに興味・関心を持っているだろうか？

3. どんなライフスタイルを送っているだろうか？
   よく行く場所はどこだろうか？

4. どんな新聞・雑誌・メディア番組を参考にするだろうか？

5. 誰の言葉を参考にするだろうか？

6. 新しいものを購入・導入するとき、誰に相談するだろうか？

7. ⑥の人たちにクチコミをしてもらうために、
   何ができるだろうか？

8．ネタが人々に提供する利益を証明するものは何だろう？

ネタの実績データや権威	ネタの専門性をサポートする データや権威

一流の基準	こだわり・ストーリー

9．ネタが顧客に提供する利益を補強するものは何だろう？

特典・サポート	なぜ利益を補強できるのか？

ネタを20秒で語れる一言にまとめてみよう

CHAPTER3 ストーリーを組み立てる

インタビューシートを書く時のポイント

```
ターゲットの想定の際、
自分の想像力だけに頼らない
```

```
ターゲットの顧客属性調査は
インターネットも活用
```

```
自分の周りの「近しい人」も
実はターゲットだったりする
```

```
数字の背景は「経済産業省」の
ホームページも参考に
```

```
地域密着のネタなら市役所や商工会議所にも
使えるデータがある
```

実はこのシート。取材の手順が骨組みになっています。

LECTURE

3 ネタの過去を知って派生する情報も手に入れよう

　どんなものにも時間が関わっていて、ときとしてそれはドラマを生みます。
　今回リリースを行なう商品が、たとえ今までにない新しい商品だとしても、それらは元々あったものが改良されてできているという場合がほとんどです。
　かつて存在したもの（新商品の原型となる商品）がどのようにしてメディアに取り上げられて、どのようにして広まっていったのか、もちろん社内や近しい人にそのことについて精通している方がいれば、インタビューしてみることもできますよね（その場合はインタビューシートを使わずに普通に聞くほうがいいです）。
　また、そういった方がいなくても一昔前とは違って、今はインターネットで比較的簡単に情報を手に入れることができます。

　自由自在にプレスリリースを行なって、メディアから取材に来てもらうには、常日頃から情報の検索を行なって、その検索結果をまとめておくことをおすすめします。
　そして、何より、「常日頃からネタを取り巻くどんな情報にでも興味を持って」ひとまず情報収集をしておくことをおすすめします。プレスリリースは広報の一手段だからです。

　いいですか、皆さん。PRはPublic Relationsでしたね。そう、「みんなで情報を共有し合ってよりよい社会にしましょう」というのが根底に存在するのです。
　ひとつの情報を収集したら、常にそこから派生する情報も紐付けて「興味を持って」集めるようにしてください。
　この本を手にしている皆さんがそれらを実行することによって、ご自身のリリースネタに留まらず、近しい周りの方々のリリースネ

タに関しても深く情報を持つことになります。

　その方々のリリースにも相談に乗ってあげることができるようになります。これは素晴らしいことなのです。私の行なっているプレスリリース塾でリリースを成功させた方の中には、実際に取引先や異業種交流会で知り合った方のリリースの相談に乗っている方もいます。
　税理士や行政書士、そして社会保険労務士などの「士業」の方の中には、自己紹介を行なう際、専門の業務のほかにプレスリリースをサービスで行なえることをアピールしている方もおられます。
　「税務関連の業務はもちろんですが、御社の商品・サービスを、無料で新聞やテレビに取り上げてもらうことができる税理士です」といった感じです。
　考えれば、このセールスポイントは競合との差別化のポイントとしてはバツグンですよね。

　一度習得してしまえば、誰でも、誰に対してでも活用できるのが、このプレスリリースです。
　それに、プレスリリースを行なう際にインタビューをすれば、取引相手の仕事や経歴をより深く知ることができるのです。
　まずはご自身に必要な情報を取得することが先決ですが、忘れないでください。そこから派生する情報が「必ず誰かの役に立ちます」から。

> どんな情報にも、まずは興味を。
> 誰かを応援できる人は、誰かに応援される人である。

LECTURE 4

ネタの未来を語ろう

　過去があるということは現在があり、そして未来があるということです。その時間軸の周りには常に流行をつくり上げてきたメディアが存在します。

　ネタの未来像を紡ぎ出してみましょう。

　これから先の5年でどうなるのか。はたまた10年では?

　確かに未来のことは誰にもわかりません。しかし予測は可能なはずです。プレスリリースではネタの未来のことを**「将来性」**と呼んでいます。
　その商品・サービスが将来、社会にどのような影響を与えるのか。予測してみましょう。しかし、ここでは理由が必要です。なぜそう予測できるのか。
　それには**新聞、行政等で発表されている事象・統計を引用する**ことで解決できます。「○○年○月の○○新聞の社会面によると……」であったり「経済産業省の発表では……」といった書き出しになりますね。
　しかしながら未来の予測までは発表されていない場合もあります。その場合はどうすればいいのか?
　それこそ**自分自身で予測**していただいて結構です。すでに発表されている現状の内容をもとに、予測を立ててゆきます。
　「現在○○円と呼ばれている○○市場(経済産業省○○調べ)に、弊社の製品が市場導入されることにより5年後には○○円への拡大が見込める」といった書き方ですね。

　確かにこれは事実となるかどうかは誰にもわかりません。しか

し、記者や番組制作者は、「将来性」について、常に気にかけています。

が、彼らはリリースを出す側の皆さんのようにそれぞれのネタに関するプロではないので、リリース原稿に将来性が書かれていなければ、よほど興味を持ってくれない限りそれらを調べ上げてはくれません。

これはプレスリリースに留まらず、事業計画にも活用できることだと思います。せっかくです。チャンスだと思ってリリース原稿を作成する際に商品やサービスの将来性を調べて、これからの事業計画の参考にしてみましょう。

経済産業省のウェブサイトには、実はビジネスのいろいろな情報が詰まっています。「自分のビジネスの規模には関係ない」とは思わずに、「興味を持って閲覧する」ことで、リリースはもちろん、日常のビジネスコミュニケーション力アップにもつながります。

経済産業省のウェブサイトは、
数字裏付けの宝庫。

LECTURE 5 「誰が」「何のために」が すぐに言えるように

　ストーリー部分の中核とも言えます。
　特に商品・サービスに関するリリースには必須です。
　以前にも触れましたが、記者や番組制作者が興味を持つのは、その商品の外面的な部分ではなく、内面的な部分なのです。それが、

誰が、何を想って、誰のために、つくったのか。

　ということです。ストーリーを組み立てる骨組みの中で間違いなく一番重要になってくる部分です。何よりこの骨組みをもとに組み立ててゆくことで、リリース全体のピントがずれることを防ぎます。
　つまり、記者や番組制作者が受け取りやすい内容に、そう、ストーリーが**「魅力的に」**構成される訳です。つまり、報道関係者にとっては**「話が早い」**。つまり**飛びつきやすいネタになる訳です**。
　しかもリリース原稿の段階でまとまっているということは、取材ではこの内容に沿って深くインタビューをしてゆけばよいわけですから、他の取材よりも「スムーズに進む」と思ってもらえます。

　出す側としてもリリース原稿だけでなく、商品パンフレットや会社案内の内容を考える際にも活用が可能ですし、取材以外でも営業時の商品・サービスの案内を行なう際にも十分活用可能です。
　それに、この「誰が、何を想って、誰のために」に関しては、案外企画・開発当事者が言葉にすることが少なく、結果として販売を担当している営業の方々ですらセールストークとして活用することが少なかったりするのです。
　プレスリリースでメディアを活用するという「大きな渦」を起こしたければ、まずは「身近な小さな渦」を起こしましょう。

CHAPTER 3 ストーリーを組み立てる

酒蔵のリリース成功例

日本酒（地酒）の海外向け販売促進を考えた

↓

普通にイベントをしても外国人には「ジャパニーズ・ライスワイン」

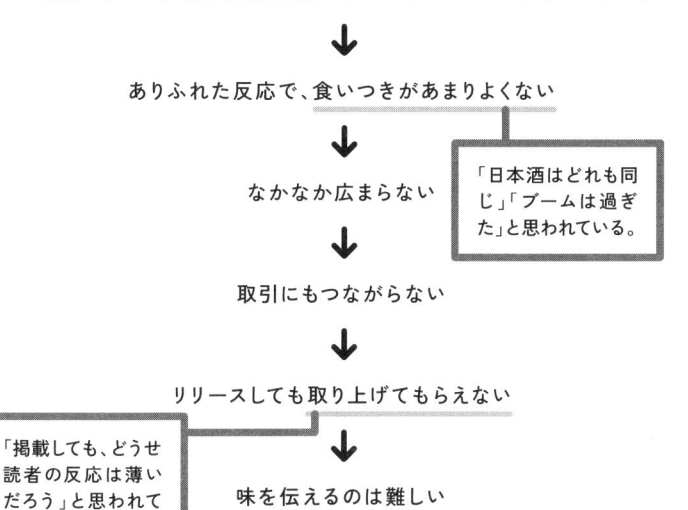

↓

ありふれた反応で、食いつきがあまりよくない

↓

なかなか広まらない ←「日本酒はどれも同じ」「ブームは過ぎた」と思われている。

↓

取引にもつながらない

↓

リリースしても取り上げてもらえない

↓

味を伝えるのは難しい ←「掲載しても、どうせ読者の反応は薄いだろう」と思われている。

↓

日本酒のウンチクではなく、酒蔵のドラマを知ってもらおう

↓

これは歴史であり、日本の文化だ ← ここに「誰が、何を想って、誰のために」が詰まっている！

↓

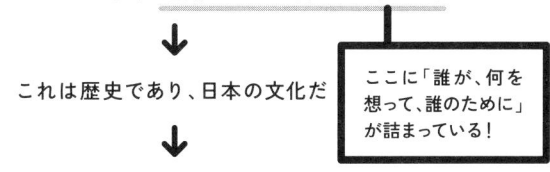

劇団を呼び、ステージの脚本を書いてもらう

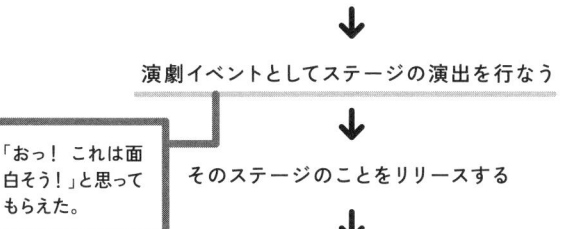

↓

演劇イベントとしてステージの演出を行なう ←「おっ！これは面白そう！」と思ってもらえた。

↓

そのステージのことをリリースする

↓

見事「朝日新聞」「読売新聞」に掲載された！

LECTURE 6 「取材を想定して」真実のドラマを紡ぎ出す

　この項目も非常に重要です。
　リリースを何度行なってもまったく反応がない場合、原稿を見せてもらうと**「言いたいことだけを一方的に書いている」**原稿になっていることが多々見受けられます。
　つまり、相手が何を知りたいかを想定せずにつくってしまっているのです。
　ストーリーをしっかり紡ぎ出すために、**記者や番組制作者が「何を」取材したいのか**を想定してみましょう。
　プレスリリースを行なう際に重要なことは、**常に客観的にネタを見る**ということです。

　客観的にネタを見る。
　それはシミュレーションしてみるとわかります。
　皆さんが記者だとします。リリース原稿が送られてきました。手に取って見てみます。まずはどこに目が行くでしょうか？　もちろん見出し部分ですね。
　「おっ！　これって面白そう」と思わせる見出しになっているでしょうか？　モノを売ろう、売ろうとしていませんか？　そして内容の最初の段落は「誰が」「いつ」「何を」といった情報が簡潔にまとめられているでしょうか？　言いたいことを一方的に並べ立てていませんか？
　伝えなくては始まりません。伝えるためには相手が受け取りやすい状況をつくらなくてはなりません。「押して、押して、押しまくる！」のではなく、手を差し伸べてみてください。記者や番組制作者がその手を取ろうと手を差し出してきます。
　読み手の立場で、つまりは自分が取材する立場で原稿をつくってゆきましょう。

CHAPTER3

ストーリーを組み立てる

報道関係者各位　　　　　　　　　　　2008年10月14日

灘の酒蔵をモデルにした舞台を、神戸酒心館（清酒福寿醸造元）にて上演

兵庫県で活動している劇団天八（ゲキダンテンパチ　所在地：兵庫県尼崎市塚口　代表：福満宏之）は、11月2(日)3日に神戸酒心館（神戸市東灘区御影町1－8－17）にて灘の酒蔵をモデルとした「酒蔵ものがたり・命の水」（イノチノミズ）を上演致します。チケットは前売り3,000円・当日4,000円を劇団ホームページhttp://www.tenpachi.jpにて発売中。

この物語は、江戸時代より続く昔ながらの酒造りを行ってきた酒蔵と蔵人、それの関わる人々の物語です。第二次世界大戦で全て焼けてしまった灘御影郷唯一の蔵、株式会社神戸酒心館（清酒福寿 醸造元）は復興し、昔ながらの酒造りを続けるなか「阪神淡路大震災」に直面する。そんな歴史的背景を持つこの実在の酒蔵に取材をさせていただき、「神戸酒心館10周年企画」という形で昨年上演させていただきました。

制作にあたりまして、実際に神戸酒心館にて50年間杜氏を務められた「吉村敬作元杜氏」にお話をお伺いし、実際にあった真実のエピソードを元にストーリーを組み立てております。
また、神戸酒心館様のご紹介より、来年秋頃に神戸の姉妹都市であるシアトルとハワイでの上演も視野に入れた展開も行います。
是非ひとりでも多くの方に「日本の文化である酒蔵のドラマ」興味を持っていただければと思い、この度リリースさせていただきました。宜しくお取り計らいのほど、お願い致します。

劇団天八ホームページ
http://www.tenpachi.jp

神戸酒心館ホームページ
http://www.shushinkan.co.jp/

このリリースに関するお問い合わせ

劇団天八（ゲキダンテンパチ）
〒661-0012
兵庫県尼崎市南塚口町2－35－2－404
TEL 06－6429－8357
FAX 06－6423－3068
info@tenpachi.jp
担当：福満（フクミツ）

前項の事例、「酒蔵のストーリー」に沿ってつくられ、完成したリリース原稿。全国紙の注目を浴びた。

次のページからは、3つのストーリーをご紹介。メディアが「どこに着目するのか」を意識しながら、読み進めてください。

65

ストーリー作成例 ①

それは永遠に継がれてゆく想い
「小金屋納豆ものがたり」

　　昔ながらの製法でつくった納豆がある。
　　大阪の大東市、小金屋納豆でつくられている製品のひとつ。「なにわら納豆」だ。
　　「少人数でしっかりした品質」を掲げ、主婦が5人でつくっている。
　　「させられる仕事ではなく、する仕事を」を合言葉に、それぞれが、きびきびとした無駄のない動きで製品をつくり出す。
　　一日の出荷量は2,000個から3,000個。
　　しかし彼女たちにはもうひとつ、心に息づく想いがある。
　　現代表取締役社長である吉田恵美子の父、創業者の小出金司が成し遂げた「こだわり」の継承だ。エピソードを聞いた。

　　納豆工場の朝は早いときは朝5時には始まる。それは、創業の頃から変わらない。
　　まずは釜に火をかける。釜は納豆づくりの命だ。
　　釜を前にした父は、一切の電話・接客にも応じず、すべての神経を釜に集中させた。
　　蒸気の抜き方ひとつでも、長年の経験から培われた職人としての勘が試される。
　　父は決して他人に触らせることはなかった。
　　病に伏せってから、初めて母に口伝し、その役割を譲った。

　　小出金司。
　　昭和11年に山形の米沢に生を受ける。
　　昭和26年、16歳で「商いの街・大阪」の納豆工場、米沢納豆に丁稚として奉公。給料は仕送りに消えるが、一日も早い独立を夢見てただひたむ

CHAPTER3 ストーリーを組み立てる

きに修行に励む。

　昭和36年、結婚を機に独立。しかし資金が乏しかったため、「できることから」と、市場の中で漬物をつくって売り出した。
　その傍ら、自分で藁をすいて、納豆をつくり、限られた分だけを販売した。
　もちろん設備がない。こたつを使って納豆を発酵・熟成させた。
　温度計を片手に母と交代で夜通しかけてつくり続けた。
　「金ちゃんの納豆、おいしいわぁ」
　その声と笑顔のためなら、何を置いても一所懸命になる父。
　「手を抜く」という言葉を、最後まで知らない人だった。
　昭和42年。ついに念願の工場を設立。
　生産量も増え、喜んでいただけるお客様も増えた。取引先も増える。人が人を呼ぶ。
　常に望み続け、また「臨み」続けたから手にすることのできた、金司の幸せだ。そして金司にとっての幸せは、家族の幸せでもあった。
　しかし、それから5年後。運命が金司を試した。
　それは昭和47年。私が小学校2年生のとき。
　授業中にみんなが騒ぎだした。
　「火事だ、火事だ」
　「近いなぁ、どこやろう？」
　私も一緒に火の手のほうを探した。
　それは、父の納豆工場だった。
　豪快で恰幅のよい父がうなだれていた。
　きっとこちらに背を向けて泣いていたのだろう。
　そのときの父の姿を私は今でも鮮明に覚えている。
　それでも父は立ち上がった。
　「座り込む」という言葉も、彼の中にはなかった。
　修行時代の先輩が工場を間借りさせてくれた。両親は今まで以上に納豆

創業者 小出金司。丁稚修行を経て独立し、現在の小金屋食品株式会社の前身である小金屋商店をスタート

づくりに没頭した。

　当時小学2年生だった私、ひとつ下の妹、そして3歳だった一番下の妹。
　子供たちが目を覚ますときには両親はすでにいない。
　そして子供たちが眠りについたあと、帰ってくる。
　寂しくはあったが不幸ではなかった。
　少しでも空いた時間で父はしっかりと子供たちとスキンシップをとっていたからだ。
　そんな毎日が1年続いた。

　昭和48年。現在の場所に小金屋食品株式会社、納豆工場設立。
　取引先に毎日配達した。父は1日に何百キロ走っていたのだろう？
　その間工場は母が切り盛りしていた。
　工場の二階が住まいだった。子供たちは相変わらず自分たちで起きて、朝食をつくり、学校へ行く。それでも幸せだった。

納豆づくりにかける情熱で、父はたった1年で工場を再建させた

　時折父が配達に誘ってくれた。
　千里中央のショッピングセンターへの配達。
　父が荷降ろしをしている間に、子供たちはショッピングセンターを探検する。
　きっと父にとっては娘との旅行のつもりだったのかもしれない。
　人の笑顔が何よりも好きな父だった。

　父は納豆を買ってくださるお客様を本当に大切にしていた。
　それを物語る、こんなエピソードがある。
　阪神大震災のときにすべての交通がマヒをしたため物流のルートも全面ストップした。
　かろうじて被災を免れた店舗から発注があがってくるが、物流がつながらないため商品を店舗に送り込むことができなかった。
　父は「うちの納豆を楽しみにしているお客様が待っている」と、自分で冷蔵車を運転して一般道を神戸に向かってひたすら車を走らせた。

CHAPTER3 ストーリーを組み立てる

そのとき、父の身体はすでに病に蝕まれていた。
家族の反対を押し切って往復19時間かけて納品した。
すべてはお客さまのために……。
身を削っても納豆をお客様に届けるという父は本当の意味での商売人だった。

晩年、父は癌を患った。家族で相談し、本人へ告知はしないことにした。
病床で、意識がない中でも父は私たちに聞く。
「納豆のできはどうや？」
「大丈夫やで、できてるで」
その言葉で安堵の表情に変わる。
お客様の笑顔が見えていたのだろう。
父は最後まで納豆がつくりたくて、釜の前に立つ自分を夢見ていた。

平成15年。とても静かな日だった。
山形から大阪へ。運命に打ち勝ち、夢を実現し続けた「納豆職人」小出金司の最後の言葉は、
「あのな、もう一個つくりたい納豆があるねん」
だった。
平成21年。「なにわら納豆」の完成。
山形で食べられていた昔ながらの製法にこだわった、藁でそのままくるんだ納豆。
ただただ、一所懸命つくった。
「お父さん、私、頑張ってるで」。思わずつぶやいた。
父の声が聞こえる。「こんな昔の納豆、ようつくったな。ありがとうな、恵美子」
大東市にある納豆工場には、永遠に継がれてゆく「想い」が息づいているのだ。

社会見学の地元の子供たちを優しく見守る父

ストーリー作成例 ❷

部品塗装業・オークマ工塗の設立ストーリー

「100年後、何が残るだろう」

　そう社員に問いかけたのは、ものづくりの街東大阪の部品塗装業者、オークマ工塗の社長大熊重之だ。

「100年で変わるものは多い」
　1903年、初飛行に成功したライト兄弟が航空会社「ライト社」を設立した年が1909年。
　2009年、今や人は空を超えて宇宙に飛ぶ。

「100年の中で生まれるものも多い」
　かの巨匠漫画家、手塚治虫氏ですらも携帯電話の存在は予想できなかっただろう。
　2009年、人間の子供そっくりのロボットはまだ開発されていないが、小学生が携帯電話を持つ時代になっている。

「100年の中で消えてゆくものもある」
　蒸気機関車、モールス信号、それから、それから……

　重之は社員に問いかけた。「塗装」は、残るのだろうか？
　いや、塗装どころか、一体何が残っているのだろう？

　残るものをいろいろ考えた。社員たちと話し合った。
　ある結論に結びついた。

CHAPTER3

ストーリーを組み立てる

何が残るかがわからなくても、企業として残すものは、
「感動させること」であると。

一流の腕を持ち、威厳のある父
戦後まもなく大正塗装を設立

オークマ工塗の前身は大正インダストリーという塗装会社だ。
父である正明が始めて、現在重之の兄である長男正裕が継いでいる。

父、大熊正明。現在76歳。
激動の昭和を生き抜いた、我々の大先輩である。
正明が中学二年生のときに第二次世界大戦が終わった。
戦後である。食べ物がない。田舎に買い出しに行く日々であった。

塗装業に就いた。
当時需要が多かったものの中に黒塗りのミシンがある。
ハケを使うが、ハケ目をなくして塗るのが職人の技であった。

創業当時の会社前での写真

腕を認められて引き抜きがかかることは日常茶飯事。
正明は悩んだ。
職人として雇われてゆくのがよいのか、独立するのがよいのか？

もともと人に使われるのが嫌な性格。選んだ道は独立。
25歳で自分の名前から「大」と「正」を取り、「大正塗装」を設立した。昭和34年のことだった。

息子たちから見ても威厳のある父。
「偉い」と「偉そう」の違いは父を見ればすぐわかる。
もちろん、ただ厳しいだけではない。
誰と話していても回転が速い。発想がユニークで、豊かなのだ。

**周りとは違う眼を持ち、
時代の「これから」を見ていた父**

こんなエピソードがある。
今から30年ほど前だろうか、世の中にファックスが出だした。「持っている人が少なければ、役に立たない」と、周りが導入を躊躇していた。
しかし、父はいち早く導入した。そして、周りにこう言った。

「自分の都合だけ考えていては駄目だ。相手の立場に立たないと……」

そして「これがあるから、新しい取引ができる」と。

常に前向きに、常に顧客目線、そして常に時代の「これから」を見ていたのだ。

昭和50年代の大正塗装の事務所写真。いち早くファックスを導入

他社が少ない得意先からの集中した受注に必死だったころ、正明は得意先の数を増やし、売上げを分散させることに奔走した。

「一顧客だけの売上げだけを求めてゆくのは、危険だ。塗装業は下請け、お客がよいときは問題ないが、その逆もある」

と、世の中がバブル経済に浮かれている間に、すでに崩壊以降のあり方を説いた。

重之はそんな父の姿を見て育った。そんな父の言葉を心で聴いた。
そして、父の宝刀である、リーダーシップを受け継いだ。
学生時代、数々の運動部を経験するが、重之は常にキャプテンだった。

父が息子に施した帝王学が、「勉強するな」であった。
しかし、父は「ゴルフの理論」を一所懸命勉強していた。そのときばかりは「どないやねん？」と思った。

職人である父に、重之はもちろんあこがれた。
学校を卒業すると同時に、父の会社に入社した。

血は争えない。

数々の塗装技術を２年で修得し、その後営業部門に移った。

多くの顧客の心をつかんだ、大熊重之
オークマ工塗の誕生へ

それから15年間、塗装をマスターしている営業として、多くの顧客の心をつかんだ。
ときとして自らも作業にあたるその姿が、信頼を勝ち取った。

やがて兄が大正塗装（現大正インダストリー）を継ぐことになる。
重之は副社長として腕を振るった。

しかし、社長と副社長が兄弟であるということに、ときとして責任の所在が明確でなくなることもあった。小さな亀裂が、意図せぬところで大きな溝になることもある。

従業員のことを一番に考え、兄と話し合った。

そして、2000年5月1日。
重之は株式会社オークマ工塗を設立した。

たった4人での設立。不安はあったが希望を奮い立たせていた。

設立当初は親会社である大正塗装の仕事が100%だった。

しかし、顧客の紹介で徐々に仕事が増えた。

がむしゃらに働いた。

現在のオークマ工塗事務所。社員各自にPCがあり、LAN回線でつながっている

設立から2年。ついに大正塗装からの仕事がなくなった。
それは重之の、本当の意味での独立を意味した。

利益よりも大事なもの
それはお客様からの満足度

塗装のことをもっと知りたい。知りたい。知りたい。
重之は知識習得に貪欲になった。
なぜなら、塗装業にも手吹き塗装、電着塗装、スピンドル塗装とその種類もいろいろあるが、それぞれは他社がどのようなことをしているのか知らない。

つまり、自分が行なっている塗装以外の案件は他に丸投げで依頼するしかないのだ。

他社に依頼することが不利益だという訳ではない。
ただ、知識を得て、顧客に説明できるだけでも満足度につながると信じたからだ。

鉄なら鉄専門の塗装業、プラスチックならプラスチックのみの塗装業。
その考えでは「これから」がない。知識の上での垣根を取り払って勉強した。
すべては顧客の要望に即答するためだ。

そのために、どのような仕事、案件も断らなかった。
自社ではやっていないサービスや技術ができるノウハウを持つ会社、職人を自らの足で探した。

どうやったらお客さんが満足してくれるか。ただそれだけを考えた。
それが自分の知識になった。

その結果、おのずと扱える塗料も増えた。

塗装に限らず、本当のプロフェッショナルとは、なんだろう。
ひとりの職人として、狭く生きるのではなく。
答えを持つために広く生きることを考えた。目指した。

父とは違う、初めての一歩を踏み出した。

あるとき、顧客に言われた。
「社長以外に話できるやつがおらん！」
あまりに深く、大きく、大熊の心に響いた。

そこからが新しい勉強だった。
「すべての社員が、顧客から信頼を得るには」
オークマ工塗では、塗装に関するすべてを社員が楽しみ、熱く語れるように考えた。

企業理念ひとつにしても、つくる際は社員全員から言葉をもらった。
そしてそれを文章にする。
築き上げるところから全員で行なう、それこそが理念だと感じた。

社員からアイデアが出だした。
　たとえばブルーオーシャン戦略。競争のない市場を探し、顧客をつくる。

　それは「ないものをやって、あるものをやめる」という信念であり、父から受け継いだ感性だ。

　また社員からアイデアが飛び出す。
「塗装を60分でやってみてはどうだろう」

　まだ世の中にないサービス。誰もが待ち望んだサービスだ。

　職人からの意見もでた。60分は、どう頑張っても無理だ。
　また営業メンバーから意見が出る。
「じゃあ、90分ならどうだろう？」

　飛び交う意見。絶えない笑顔。共に考え、実行する。

　重之は常に胸を張る。
「他の塗装屋でうちと同じ方向性を持っているところはないと思います。確実に」

　重之は、社員と共に考え出した、「試作塗装」を、未曽有の不況とされる今、塗装会社として生き残るための打開策とした。

　製造、メーカー、販促品会社、プロダクトデザイン等ものづくりの会社の困っていることに応えるということを「低価格のサービス」として入口に設定したのだ。

　下請けではなく、「メーカーと直接の取引を」
　その狙いは見事に的中した。

同時に試作塗装の難しさも感じた。さまざまなお客様のさまざまな問い合わせ。今まで培った多種多様な知識・ノウハウだけでは対応できないものもある。

　お客様はさまざま。そこは、重之のチャレンジ精神が活躍できるところ、ワクワクするところでもある。

　各新聞、雑誌からの取材を受ける。
　掲載された記事を見て、大手タイヤメーカーや大手自動車メーカーから「試作塗装」の直接依頼が来た。

　父から譲り受けたスピリット。それは「先見の明」であり、
　そして、「世の中になければ、創る」である。

　そんな大熊重之は、「社員と共に100年後を見る」社長なのだ。

社員が主体性を持って活躍する場を目指す

ストーリー作成例 ❸

日本の銘酒を、もっと世界に。
劇団天八の代表、福満ヒロユキの世界に向かった一歩

　2005年。福満ヒロユキは、神戸市灘区にある酒蔵、清酒福寿製造元の酒心館を訪ねた。
　日本酒の取材をするためだった。

　劇団天八は彼が主宰し、脚本・演出・プロデュース、ときとして出演もこなす劇団だ。作品は主に日本やアメリカの教科書に載らない歴史、人間ドラマを取材し、つくってきた。
　その度々に出会う人々、風景、風化されない時代を紡ぎ出す。

　取材を重ねてその中に自らのドラマテイストを盛り込んでゆく。
　決してメジャーな商業路線ではないかもしれない。
　それでも、舞台を通して伝えることは生涯続けてゆく。

　アメリカのネイティブアメリカンを題材にした「チェロキー」という作品は、無名の劇団ながら全国の中学校で芸術鑑賞の依頼を受け、2年間で延べ6,000人の中学生たちに、一般の方々を合わせると7,000人以上の感性溢れる人々に支持されてきた。

　毎年依頼をくださる学校もある。

　作品をつくるということ。それは、出演者・スタッフ、そして劇場に足を運んでくださる観客とともにドラマを共有するということ。

　福満はそのために取材に行く。
　生の声を聴くために。

CHAPTER3

ストーリーを組み立てる

　熱い涙を感じるために。
　胸のすくような笑い声、
　こぼれるような笑顔を作品に盛り込むため。

　舞台が終了し、打ち上げの場では、参加者全員でお互いの無事とこれからのこと、そして何よりそれぞれが果たした仕事をたたえ合う。

　その席には、酒は欠かせない。
　初めはビールでも、途中から必ず日本酒を注文するメンバーがいる。
　ふと、何気ない一言が福満の耳に残った。
　「最近、日本酒のコマーシャル減ったなあ」
　言われてみればそうだ。十年ほど前まではゴールデンタイムのテレビ番組の間には日本酒、特に「灘酒」とよばれる兵庫県神戸市灘区でつくられている日本酒のコマーシャルが流れていた。

　つい最近、若者の日本酒離れに関してどこかで目にした。
　がぜん興味がわいてきた。
　次の日早速調べてみる。

　「国内の消費量の率よりも、海外輸出量の伸び率のほうが上回った」という見出しがダイレクトに胸に響いた。

酒造を改造して建てられたホールでの上演。役者の演技にも熱が入った

　福満はいつものように取材を行なうことにした。
　探してみると、神戸の灘にはかつての酒蔵を改造したホールが存在した。
　そのまま電話でアポイントを取り、向かってみたその場所、それが神戸酒心館だった。
　普段は食事会、音楽会、落語などに使われている。名目はもちろん「日本酒と共に楽しむ」だ。

　そのホールに足を踏み入れた瞬間、言葉で表わしがたい感覚にとらわれた。

79

黒くすすけた木材に手をあててみる。
まるで蔵人の息遣いを感じるようだった。

取材をしてみる。対応してくださったのは安福社長。
260年もの間、この酒蔵を護り続けた末裔だ。

「日本酒は、確かに売れにくくなっている。海外で試飲会を行なっても文字通り試飲で終わってしまう」

日本酒の物語をつくって、この酒蔵にあるホールで上演してみたい旨を告げた。

「それでは、50年間この酒蔵で杜氏(とうじ)を務めたものがいます。今度機会を設けますので取材をなさってみては？」

願ってもみないチャンスに胸躍った。

帰りにもう一度ホールをのぞいた。

「福満さん、このホール、新しい材木と古い材木でできているでしょう？」
ホール担当の女性が語りかけてきた。

「この古い材木はこの場所が蔵だったころのもの。新しい材木はホールになってからのものなんですよ」
初めてホールに入ったときに得た感覚は、古いものと新しいものを融合させた場所だから？ いや、それとは違うように感じたまま帰路についた。

後日連絡があり、かつて50年間杜氏を務めた吉村敬作氏に酒心館にてお話を伺う機会を得た。

セリフ一つひとつに蔵人たちの想いを込めて描かれた

吉村氏は、80歳。現在は酒造りからは身を引いて、故郷の丹波で暮らしていた。
懐かしそうに目を細めながら取材に応えてくれた。

蔵人たちは吉村氏を見ると、親しみを込めて「おやっさん」と声をかけていた。蔵を預かる酒造りのトップである杜氏は、年齢に関係なく「おやっさん」と呼ばれるそうだ。
ひとしきり話を聞いた、そのあと、

「親方」。吉村氏は私のことをそう呼んだ。

「この場所、柱、古いのと新しいのが混ざっているでしょう。この場所はね、阪神淡路の大震災で、完全に倒壊したんだ。みんなで引っ張り出したなあ。瓦礫の中から使える材木を。オレたちの、蔵を。目に涙をためながら、下くちびる嚙みしめながら。消防の人が止めるの聞かず。一所懸命引っ張り出したんだ。オレたちの、みんなの蔵」

舞台はホールそのものを最大限に活用した。そのホールの物語でもあったからだ

そのときに確信した。
初めてホールに足を踏み入れた瞬間に覚えた感覚が何だったのか。

帰りの電車ですぐに筆をとり始めた。
題名は「酒蔵ものがたり・命の水」。
日本酒そのものではなく、日本酒を創る蔵人たちの物語にしようと思った。

来年で上演5年目を迎える。
気がつくと、海外での上演予定がしっかりと視野に入っていた。

COLUMN 3

「言いふらしたくなる」プレスリリース

先日、私はJR西日本の東西線に乗っていました。空いていましたから座席に座っていると、ちょうど向かいに僕と同い年くらいの男性が座っていました。きっとお父さんです。というのも膝の上に幼稚園の年長さんくらいの女の子を座らせていましたから。

その女の子、絵本を読んでいたんですが、突然パタンと絵本を閉じるとクルリとお父さんのほうを見てこう言ったんですよ。

「お父さん、人は何のために生まれてくるの？」

さてこのお父さん、何と答えたでしょう？

● ある「一言」によって生まれた

テレビドラマは「視聴率」に左右されて運営されています。スポンサーがいる訳ですから当然ですよね。平たく言えば「人気がなければ打ち切り」。

企業の広告ですものね。当たり前です。視聴者に訴求できなければ予算を割く意味はないですものね。しかしながら、ドラマがあるからにはそれぞれストーリーが存在する訳です。脚本になる前の、言うなれば原案ですね。

そして、そのストーリーとは、時代の流れ、流行、消費者のニーズ等々の分析によって生み出されているのです。まさしくマーケティングです。

もともと、こういったストーリーはあるひとつの「目的」によってつくられています。

その目的とは、「シェアする」と

いうこと。

そうです。人と分かち合うということです。親から子供へ。親戚へ。友人へ。生徒へ。人から人へ伝わることによってシェア（分かち合う）されるわけです。

さて、今皆さんがお持ちのプレスリリースのネタ（ストーリー）は、多くの人とシェアできる内容になっていますか？　それを聞いた人が他人に「言いふらしたくなる」ように整理されていますか？

この「シェアする」というキーワード。3章のまとめにふさわしい言葉だと思います。

あ、そうそう。忘れるところだった。電車に乗っていたそのお父さんは、膝に座る自分の娘にこう言いました。

「人はね、幸せになるために生まれてくるんだよ」

CHAPTER 4

リリース原稿の組み立てに沿って書く

LECTURE 1 まずは媒体選定を行なう

　プレスリリースを行なう際、「とりあえずたくさん取材が来て、報道されればいい」と、リリースをスタートされる方がいます。
　決して間違いではありません。どんなネタでも、リリースして反響が多いことに越したことはありませんよね。
　私、福満ヒロユキもクライアントのリリースを行なう際は、可能な限り多くの媒体に取り上げてもらえるように構成しますもの。

　しかし、プレスリリース成功のために知っておいていただきたいことのうちのひとつ。それが、**「媒体選定」**です。
　すべてのネタが新聞・テレビ・雑誌のすべてに有効だとは限らないのです。
　写真と文章で、人の記憶よりも**「紙面」**というカタチに残して人から人へ伝わってゆくのに適したネタであれば、まずは新聞・雑誌です。反対に動きがあり、**「映像」**として視聴者の目を引き、短いスパンで反響を呼べるネタであれば情報バラエティや報道番組をチョイスしていきます。

　「結果としてどちらでも取り上げてもらうのだから、そんな選定どうでもいいのでは？」と思われる方もおられるかも知れませんが、そこはご留意くださいね。**新聞記者とテレビ番組制作者ではネタを見る視点・角度が違います。**
　新聞記者はいかに紙面に落とし込むか、テレビ番組制作者はいかに映像で表現するか。
　彼らの視点に合わせてネタの特性を整理し、リリース原稿を組み立てる。それだけで、掲載へのスピードが飛躍的に変わります。
　さあ、ご自身のお持ちのネタ。まずはどの媒体に適しているか考えてみましょう。

CHAPTER4 リリース原稿の組み立てに沿って書く

媒体選定のコツ！
「あなたの持つネタが、○○ならば」で考える

```
あなたの持つネタが、
写真と文章で、「紙面」というカタチに残して
人から人へ伝わっていくのに適したネタであれば

          ↓

    新聞・雑誌へリリース！


あなたの持つネタが、
動きがあり、「映像」として視聴者の目をひき、
短いスパンで反響を呼べるネタであれば

          ↓

 テレビの情報バラエティや報道番組へ！
```

新聞記者とテレビ番組制作者は、視点が違うのです。

85

LECTURE 2 記者や番組制作者の目に「飛び込んでゆく」原稿の書き方

「福満さんの書いたリリース原稿って、見やすいしわかりやすいですね」

ある新聞記者に言われました。

嬉しかったのはもちろんですが、どのあたりが見やすくわかりやすいのか、素直に質問してみました。

「文体、かな。なんかいつも使い慣れている文体なんですよね。文章の構成、まとまり方が」

嬉しい反面、次の言葉にハッとさせられました。

「やっぱり見慣れていると、活字というよりも絵で頭に飛び込んでくるんですよ」

記者によっては、一日200〜300枚近くのリリース原稿に目を通すこともあるそうです。そんな彼らが原稿を手に取り、目を通した瞬間に、そのネタがどんなものなのか、どんな魅力があるものなのかが理解できて、多くの人に「伝えたい」と思ってもらえる。

それはリリース原稿作成の奥儀ですよね。
相手にとってわかりやすい原稿。

この章では、今まで多くのリリース原稿に目を通し、また、自分自身でも手掛けてきたからこそお伝えできる「記者や番組制作者の目に飛び込んでゆく」つまりは「思わず手に取って読んでしまう」リリース原稿の書き方についてのノウハウを、一つひとつ解説してゆきます。

「メディア語」とは

ここでは、記者や番組制作者がわかりやすいようにまとめた文章をメディア語と定義します。外国語という訳ではないのですが、「普段以上に伝わりやすさを重視した日本語」だと思ってくださいね。

欧米諸国の方とコミュニケーションを
とるには、英語

中国の方とコミュニケーションを
とるには、中国語

メディアとコミュニケーションを
とるには、メディア語

↓

**相手の言語に合わせることが、
コミュニケーションの原則**

LECTURE 3 リリース原稿の基本構成

リリース原稿には、決まった書式はありません。
しかし、手に取った記者や番組制作者が「見やすい、わかりやすい」といった原稿には「書き方」があります。
そういった原稿は大まかに以下のようにつくられています。

●宛先：向かって左上に配置
「○○新聞○○支局○○部○○記者」様といった表記です。

●日付：こちらは右上
日付は常に最新の日付。つまりこのリリース原稿を送信する日にしてください。

●タイトル：中央上段
タイトルは10～15文字以内を目指して考えてみてください。ただ、あくまで「目指す」ということをお忘れなく。

●ボディ：タイトルの下に用意
ボディはその名の通り、原稿の「身体」、つまり内容本文にあたります。皆さんのネタの魅力を存分に輝かせる部分です。

●ホームページのアドレス：左下
基本的にホームページは必須です（102ページ参照）。

●リリース発信者の情報：右下にまとめる
リリースを発信する皆さんの情報です。会社名、住所、電話番号、ファックス番号、メールアドレス、そして担当者の名前には必ずカタカナでフリガナをつけましょう。

リリース原稿のレイアウト

○○新聞○○支局○○部○○記者様　　　　　　○年○月○日

タイトル　10〜15文字

ボディ　皆さんのネタを表記するスペース

http://○○○.com

会社名
住所
TEL/FAX
Email
担当：○○（フリガナ）

CHAPTER4

リリース原稿の組み立てに沿って書く

LECTURE
4 ターゲットは、記者・番組制作者

　プレスリリースを行なうときに、ついつい考えてしまうのが、「ターゲットは誰なのか？」ということ。

　決して間違いではないのですが、マーケティングを鵜呑みしてしまうと、どんなことをするにしても、この「ターゲットは誰？」から入ってしまう場合があります。

　確かにターゲットを定めることは大切です。
　「誰に」「何を」伝えるのか。
　これが明確でないと、訴求力が落ちてしまい、すべてに「ブレ」が生じてしまいます。

　ここで皆さん。気をつけていただきたいこと。
　このプレスリリースの原稿。これに関して**ターゲットは一般の消費者ではありません**。読者でもなければ、視聴者でもない。

　まぎれもなく「記者や番組制作者」なのです。

　確かに「世の中に対して反響が低そうなネタ」は取り上げられにくいでしょう。だからといって、読者・視聴者・消費者のみをターゲットにして「まるで広告のような」原稿をつくってしまうと、取り上げられにくいどころか、**取り上げられなくなってしまいます**。

　ゴミ箱に行くか、机の上に残るか。
　それは、ターゲットを「記者や番組制作者」に置いているかどうかなのです。

広告とプレスリリースでは
ターゲットが違う

広告制作の場合

ターゲット	20代〜30代女性
目的	インターネットでのアクセサリー販売
方向性	mixi等のSNSはもちろん、女性向けのサイトで取り上げてもらえるようなキャッチコピー・デザイン

プレスリリースの場合

ターゲット	雑誌の制作会社
目的	女性向けアクセサリーを写真付きで記事掲載
方向性	タイトルは簡潔に。リリース原稿には、見てわかる商品を選び、写真を掲載

広告では消費者がターゲットになる。でも、プレスリリースではメディアがターゲットなのです。

LECTURE

5 タイトルから書かない。
まずはボディから

　作文をするとき、ほとんどの方が「題名」から書き出します。
　これは小学校や中学校時代の作文や読書感想文の書き方から来ているのでしょうね。論文も題名を決めてから書き始めますものね。

　しかし、リリース原稿のタイトルは題名ではありません。むしろ、「見出し」となります。つまり、そのタイトルを見た記者や番組制作者が「何のことについてのリリース」かすぐわかり、なおかつ「興味を引く」見出しになっている必要があるということなのです。

　その目的はたったひとつ、**ボディをしっかりと読んでもらうため**です。
　ということは、原稿の構成としては、まずはしっかりとしたボディありきとなるのです。

　タイトルから考えてしまうと、ボディの内容が薄くなったり、反対に専門用語を並べてしまいがちです。
　つまり、タイトルに引っ張られてボディが希薄になってしまうのです。

　記者や番組制作者に伝えたい内容をしっかりとボディに盛り込み、ネタの魅力が十分に訴求できてからタイトルを考えます。

　順序を逆にする。シンプルなことかも知れませんが、この方法で実際に取材のアポイント率や、掲載・報道の成功する確率が顕著に伸びたのです。

「うーん。でもいきなりボディから書くとなると、どこから手をつけてよいのやら……」

なんて声が聞こえてきそうです。

しかしご安心を！

今まで読み進めてきてくださった皆さん。実はここまで、このボディを書き出すために重要なポイントをお伝えしてきたのです。

「誰に何を伝えるのか」
「ひとつのリリースに、ネタはひとつだけ」
「そのネタで、誰が喜ぶのか」
「そのネタのストーリーは？」

この点を念頭に置いて、さあ、次のページからは実際にボディ部分を整理するテクニックです。

鉄則！ リリース原稿を書く手順

```
┌─────────────────────────┐
│   まずはボディから書く   │
└─────────────────────────┘
            ↓
┌─────────────────────────────────────┐
│ ホームページ情報との内容整合を確認して │
└─────────────────────────────────────┘
            ↓
┌─────────────────────────┐
│   タイトルは最後に書く   │
└─────────────────────────┘
```

LECTURE 6 5W＋1Hならぬ、5W＋5Hとは

皆さんは「5W＋1H」を聞いたことがあるでしょうか？

文章構成の際には必ずといっていいほど出てくるのがこれなのです。

5Wとは「5つのW」。つまり、**Who（誰が）、When（いつ）、Where（どこで）、What（何を）、Why（なぜ）**のことを指します。

そして1H。これはHow（どのように）。

この5W＋1Hに沿って文章を構成すると、非常にわかりやすく、伝わりやすいものになります。

それよりもっと効果的なのが、「**5W＋5H**」です。

「聞いたことがない」と思った方も多いかもしれません。

しかし、高い成果を出すリリース原稿をつくるためには、必要不可欠なのです。

それでは解説しますね。

5Wまでは5W＋1Hと同じです。重要なのはここから。そう、5Hの部分です。

ひとつ目は変わらず**How（どのように）**です。そして**How long（期間）、How many（数量）、How much（金額）**、そして最後が**How in the future（将来性）**となります。

まずはボディを書く前に、この5W＋5Hの10の項目を書き出してみてください。今まで言いたかったことが「伝えたい」ことに早変わり。訴求力溢れる文章にする極意のひとつなのです。

5W＋5Hを書き出してみよう！

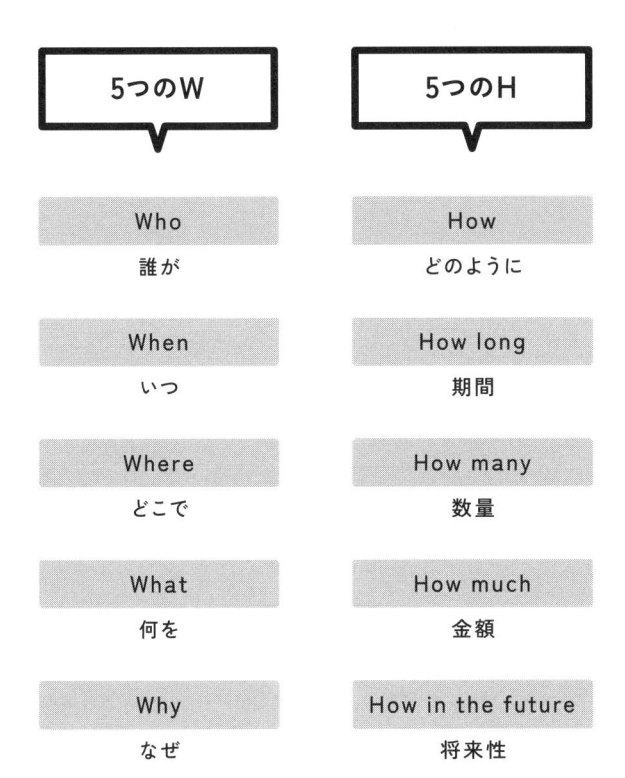

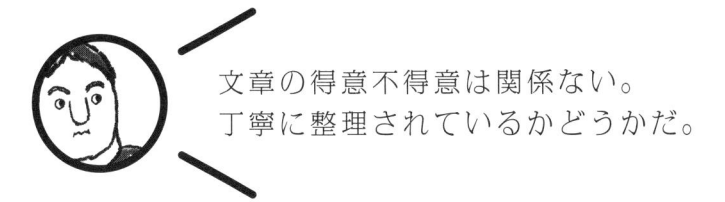

5つのW

Who	誰が
When	いつ
Where	どこで
What	何を
Why	なぜ

5つのH

How	どのように
How long	期間
How many	数量
How much	金額
How in the future	将来性

> 文章の得意不得意は関係ない。
> 丁寧に整理されているかどうかだ。

LECTURE 7 起承転結ならぬ、結転結とは

皆さんは「起承転結」を聞いたことがあるでしょうか？
文章構成の際には必ずといって出てくるのがこれなのです。
と、言ってることが前のページとそっくりですが、こちらも重要です。

起承転結とは、起（文章の始まり）、承（始まった事柄を核心につなげる）、転（文章の核心）、そして結（顛末、結論）のことを指します。
文章や物語の四段構成を表す考え方です。

5W＋1Hや5W＋5H同様、起承転結に沿って文章を構成すると、非常にわかりやすく、伝わりやすいものになります。

さて、今回は**「結転結」**。
これは、より一層ものごとを「伝える」ために適した構成となります。リリース原稿には最適ですね。
まず、**最初に「結」。そうです、結論を述べてしまいます。**
しかし、いきなり結論と言われても……と思いますよね。ですので、日本で一番わかりやすく説明します。
先ほどの5Wと、5Hの中からHow in the future（将来性）を除いた4H、つまりHow（どのように）、How long（期間）、How many（数・量）、How much（金額）を盛り込めばOK。
ね、わかりやすいでしょ。
そして、「転」。これはストーリー部分です。ネタの魅力を存分に伝えましょう！
最後にもう一度「結」。ここには、5W＋5Hの残り、How in the future（将来性）をしっかり盛り込みます。

ものすごくわかりやすい
リリース文章構成

○○新聞○○支局○○部○○記者様　　　　　　○年○月○日

タイトル　10〜15文字

ボディ

結　まずはここを読めば内容のポイントがわかる。
　　　How in the future以外の5W＋4Hを盛り込む

転　ネタを詳しくしっかり、簡潔に。
　　　紡ぎ出されたストーリーをここに

結　無理やり結論付ける必要はないのです。
　　　欲しいものはHow in the future ＝ 将来性

http://○○○.com

会社名
住所
TEL/FAX
Email
担当：○○（フリガナ）

LECTURE

8 テレビなら
ここを押さえて欲しい

　さて、大まかなプレスリリース原稿の書き方を説明してきましたが、本当に重要なことのオンパレードなんですよ。

　この項目では「テレビ番組に取り上げてもらいたい！」という熱い想いをお持ちの方にはぜひともしっかりと習得していただきたいノウハウを書かせていただきます。

　それは、**「映像として面白みがあるかどうか」**。

　とてもおいしいイチゴのショートケーキがあるとします。さて、どうやって「映像で」おいしさを伝えましょう？

　皆さんよくイメージされるのが、芸能人が出てきて一口ほおばって「うーん、おいしい」なんてコメントしている映像。

　確かに印象に残りますものね。

　しかしながら、映像をつくる側からすると、芸能人のコメント部分は訴求したい内容の一部分でしかないのです。

　むしろ、その**ネタ単体でどんな映像で訴求（視聴者に訴えること）ができるか**。

　テレビ番組の制作者にとって、そのネタ自体が「映像にして面白いかどうか」という部分は非常に重要なのです。

　では実際に映像にして面白いということをどう番組制作者に伝え

るのか。

　実は、リリース原稿に「実際の○○の動きを撮影していただくことが可能です」といった一文を加えるだけでOKなのです。

　製造業でしたら、「実際に○○を製造する工程を撮影していただくことが可能です」。

　他にも、「○○を採取しているところを撮影していただくことが可能です」などなど。

　しかし、せっかくですからもう一歩進めておきましょう。それは、

　「実際の映像をYouTubeで用意しておりますので、こちらよりご覧いただけます」

　そうです。簡単に撮影してホームページに映像を用意してしまうのです。

　もちろんプロのようにかっこよく編集する必要はありません。ネタの面白みが伝われば十分なのです。

テレビ局への決めゼリフはこれ！

あなたがテレビ番組にリリースしたければ

↓

　○○を撮影していただくことが可能です　

といった、映像にして面白い部分をあらかじめピックアップして、
ストーリー部分の補足として「番組制作者にヒント」を
与えてあげましょう。

決め手は映像にして面白いかどうかなのです。

LECTURE 9 雑誌ならこんな裏ワザがある

　今度は雑誌へのリリース。
　イベントやグッズ等の商品はもちろん、飲食店を経営している皆さんにも持ってこいですよね。カラーの写真付きで取り上げてもらえて、なおかつ**読者の手元に残る時間が長い**（情報滞在時間と言います）。したがって、人々の記憶に残る確率が高くなり、また、人から人への情報が伝播しやすくなります。

　さて、そんなよいことずくめの雑誌。
　そんなステキな媒体にリリースを行ない、掲載される「成功の確率」を飛躍的にアップする方法、つまりは裏ワザがあるのです。

　それは、**読者プレゼントの提供**。

　ほとんどの雑誌には、「読者プレゼント」というコーナーが用意されています。このコーナーを活用します。

　リリース原稿を2枚組にし、1枚目はリリース情報の原稿。2枚目を「読者プレゼントに関して」というタイトルで、**「雑誌にリリースを取り上げてもらえたら、○組○名様に○○を読者プレゼントとして提供いたします」**といった内容の文章で作成し、写真画像（招待券等の場合はその券のデザインを画像データとして）を添付しリリースを行ないます。

　たとえ記事として取り上げられなかったとしても、まずは「読者プレゼントのコーナー」に取り上げられれば、近々特集等で紹介される確率が高くなるのです。

プレスリリースを二枚組にして、二枚目を読者プレゼントのお知らせにする

○○新聞○○支局○○部○○記者様　　　○年○月○日

タイトル　10〜15文字

読者プレゼントのご提供に関して

この度のリリースに関しまして、貴誌にご掲載いただいた折には、読者プレゼントとして、「○○○」を○名様にご提供させていただきます。

画像

http://○○○.com

会社名
住所
TEL/FAX
Email
担当：○○（フリガナ）

LECTURE 10

ホームページは必須

　そうなんです。ホームページ（ウェブサイト）は10年ほど前までは「あればいいですねー」くらいで、私も「必須です」と言い切ったりはしませんでした。
　しかしながら、ホームページがどの企業でも一般的になってから、ホームページ上に掲載・公開されている内容は、企業の責任のもとに行なわれているということになりました。

　つまり、情報ソースとして信頼できる内容が掲載されている。それがホームページ上の情報の扱いとなったのです。

　記者や番組制作者にとって、リリース原稿から読み取れる情報は限られています。したがって、取材を行なう前にその内容に関して電話等で発信元に問い合わせを行ないます。言うなれば**「情報の裏付けを取る」**訳ですね。
　ここで、リリース原稿を読んだときに持った印象と、電話で聞く内容がかけ離れていたら、残念ながら取材を見送る場合もあるのです。

　ですが、**ホームページにリリースの内容が記載されていればとてもスムーズ**です。少なくともその情報の真偽に関する裏付けを取る必要はなくなります。

　したがって記者や番組制作者も、リリース原稿を送った皆さんに裏付けを取るためではなく、「取材のアポイント」を取るために電話をかけることができるのです。

CHAPTER4 リリース原稿の組み立てに沿って書く

プレスリリース前に「試作塗装ドットコム」としてホームページそのものを立ち上げた。

もちろんブログ形式でもOK。リリースした内容が反映されていれば十分です。

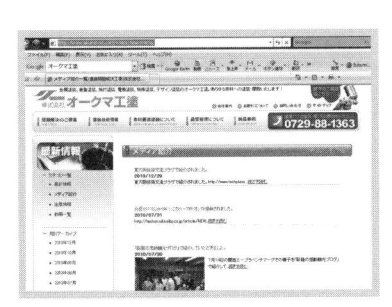

もちろん、リリースが成功し、掲載・報道された結果も用意しておきましょう。わかりやすいのはもちろん、反響が得やすくなります。

103

LECTURE

11 タイトルを書く　その1

　前述した通り、リリース原稿を書く際に、必ず皆さんにおすすめしているのが**「タイトルは最後に書く」**です。

　ほとんどの方は、作文や論文などまとまった文章を書くときは「まずはタイトルから書く」という手順を習ってきたことでしょう。
　やはり書くことが決まっていないと、まとまりのない文章になりかねませんから。

　しかしながら、多数のプレスリリースを行ない、その結果を見ていて、ある時期に痛感しました。「タイトルを最後に書いたほうが、明らかに取材依頼の確率が高い」のです。

　記者や番組制作者がリリース原稿を手にしたとき、**まずタイトルを見て、ほとんど同時にタイトルのすぐ下の「結論部分」も読んでしまいます。**

　言うなればそこで、原稿を最後まで読むか、そのまま別の原稿に手を伸ばすのかが決まってしまうのです。タイトルが非常に重要だということはわかっていただけると思うのですが、ポイントは、どうすれば原稿を最後まで読ませるだけのタイトルが書けるのかということですよね。

　そのポイントの中でも大切なのが、「タイトルは必ず最後に書く」ということなのです。はじめにタイトルを考えて書いてしまうと、どうしてもそのタイトルに沿って残りのリリース原稿の内容を決めてしまいます。

つまり、本来は多様な切り口を与えられるネタのはずなのに、内容が「小さく」まとまってしまうのです。

「タイトル≒ボディ」というように記者や番組制作者はある程度の固定観念を持って皆さんのリリース原稿を読む訳ですから、タイトル部分で「小さくまとまった」印象を最初に与えてしまうと、「面白みに欠ける」と思われてしまいます。

これは実はとても重要なポイントです。

記者や番組制作者がリリース内容を取り上げるポイントとして、「読者・視聴者にどんな影響を与えることができるか」という部分は非常に大きなウエイトを占めています。

まずは彼らがリリース原稿を手に取った際、彼らの興味をどこまでひくことができるか。どこまでワクワク・ドキドキさせることができるか。
記者や番組制作者が、「これはきっと面白い記事になる」「これは反響のある番組になる」と感じさせるだけのタイトル。それが必要なのです。

ここからは実際にタイトルのつくり方をお伝えしますが、今皆さんにご理解いただきたいこと。それは、タイトルはボディを書き上げてから、最後に考えるということなのです。

LECTURE

12 タイトルを書く その2

　まず最初に**「タイトルはキャッチコピーではない」**ということをご理解ください。
　ついつい目を引くためにひねりを加えたタイトルを考えてしまいがちなのですが、記者や番組制作者の中には「自分たちは企業の広告の手先ではない」と言い切っている方も少なくはありません。

　そんな彼らに宛てて書くプレスリリースレター。

　その出だしが、いきなり「広告」印象の強い「キャッチコピー」だと、敬遠されることもあります。中にはその時点でゴミ箱に直行ということもあります。

　無理に目を引こうとしてつくったタイトルは、結果として逆効果になってしまうのです。

　たとえば、「輝く神戸！　光と音の日本酒パラダイス」。

　きっと神戸で日本酒のイベントをしようとしているのだろうな、ということはわかります。が、どんなイベントなのかまではわかりませんよね。試飲会をするのか、それとも講演なのか。光と音、なんて書いてあるからショーなのかも知れない。それにしてもパラダイスの意味がわからない。

　記者や番組制作者が欲しいのは、「事実であり真実です」。

　皆さんにつくっていただきたいタイトルは、ひねりを加えたキャッチコピーではなく、**興味を持ってもらえるネタをシンプルに**

短く伝えることのできる「見出し」なのです。

そのタイトルですが、**基本的に10〜15文字以内**で書きます。

しかし、名詞などは一文字扱いで結構です。

「灘の酒蔵の物語を、神戸酒心館（清酒福寿製造元）にて上演」

普通に読めば27文字になってしまいますが、「酒蔵」や「神戸酒心館」といった名詞を一文字扱いで読んでゆくと、15文字以内となります。

この分量で書いていただければ、リリース原稿を受け取った側も、ストレスなく続きを読み進めてくれやすくなります。

また、「日本初」や「関東初」等の「〇〇初」という表記は必ずタイトルの初めに持ってきてくださいね。

もうひとつ、地域性をアピールできる内容でしたら、「大阪発」といった地域発信の情報として「〇〇発」という表記も地方紙には非常に有効なタイトルアピールです。

では、実際にリリースに成功した原稿のポイントを解説しながら、ノウハウを分かち合っていきます！

解説付き生リリース原稿 ❶

読売新聞大阪本社
　　〇〇記者様

2010年7月26日

夏休み子供イベント「集まれ未来の寿司職人！」

寿司屋さんのお仕事まるまる体験

　大阪府豊中市にある株式会社鯖や（サバヤ　所在地：大阪府豊中市庄内東町1−7−33 代表 右田）は夏休み期間中に鯖や本店（大阪府豊中市庄内東町2−1−7）にて夏休み子供イベント「寿司屋さんのお仕事まるまる体験」に小学生ペア3組をご招待。
●応募期間：7月25日〜8月15日
●イベント開催日：8月28日(土)、9月4日(土)、9月11日(土)の3日間

　子供たちの好きな食べ物の上位に必ず入っているお寿司。しかし、近年では子供たちの魚離れが深刻な問題となっています。平成20年度水産白書では、平成9年から19年までの1人1日当たりの魚介類と肉類の摂取量を比較すると、魚介類の摂取量は減少傾向にある一方、肉類の摂取量は横ばいであり、18年にはついに魚介類の摂取量が肉類を下回りました。子どもの健全な発育にも大きな影響がある魚介類。魚の脂に含まれるDHA（ドコサヘキサエン酸）やEPA（エイコサペンタエン酸）といった体内で合成される量が非常に少ない機能性成分が、胎児や子どもの脳の発育に重要な役割を果たすことが分かってきています。

　鯖や代表右田も3人の息子を持つ親。お寿司屋の子供でありながら魚を食べない子供達を見て、もっと魚に興味を持ってもらおうと、1年前からお寿司の作り方を教え始めました。
　日曜日になると子供たちから「お父さん、お寿司屋さんごっこしようよ！」と声がかかる。この体験を通して、息子たちが少しずつ魚に興味を示す姿を見て「もっと多くの子供たちにお寿司屋さんの体験をしてもらおう！」と決意しました。

　日本が誇る寿司文化。是非一人でも多くの子供たちが「お寿司屋の体験」を通して、魚に興味を持ち、そして寿司職人に興味をっていただければと思い、この度リリースをさせていただきました。
　詳しいイベント内容については別紙チラシにて説明しております。

このリリースに関するお問い合わせ
株式会社鯖や
〒561-0831　大阪府豊中市庄内東町1−7−33
TEL：06 - 6335 - 2204
FAX：06 - 6335 - 2220
sabaya@torosaba.com
担当：右田　髙有佑（みぎた　こうすけ）
詳しい内容は　http://www.torosaba.com　まで

CHAPTER4

リリース原稿の組み立てに沿って書く

タイトル

夏休みの子供向けのイベントなんだ！ ということを簡潔に記載します。旬なネタは取り上げやすいのです。
「お寿司屋さんの仕事をまるまる体験」で、子供たちが何を手に入れることができるのかを一目瞭然に。

ボディ「結」

この段落で、「誰が」「何を」「どこで」といった5W＋5Hの内容を整理して記載しています。
プラスしてモニター（ご招待）の内容もこちらに明記しています。

ボディ「転」

なぜこの企画を思いついたのか。
どんな想いで運営しているのか。
誰が誰のために行なっているのか。
これらはもちろんのこと、「平成20年度水産白書」という情報の取得先も明記しています。これだと専門用語を使ってもデータの出所がはっきりしていますから受け取る側も安心です。

ボディ「結」

「やっぱり寿司って日本の文化だったんだ」。
言われてみて気づくことって確かにあります。
「知っている」と「伝えることができる」では大きな違いがありますものね。
今回は未来ある子供たちに「日本が誇る寿司文化」を理解してもらって、将来は一層世界にアピールしたいという想いが記者に伝わります。

109

解説付き生リリース原稿 ❷

報道関係者各位

平成２１年１１月２４日

お弁当屋さんで わけあり野菜（規格外農産物）を販売！
～熊本と大阪の「もったいない」をお金に換える『もったいないプロジェクト』～

熊本県大阪事務所(所在地：大阪市北区梅田、所長佐伯和典(サエキカズノリ))では、熊本で捨てていた「規格外農産物」を大阪のオフィス街にあるお弁当屋さんに売り込み、熊本の農家と大阪のお弁当屋さん双方の所得向上を図る『もったいないプロジェクト』に取り組んでいます。

○ 熊本県は、トマト、ナス、スイカ、メロン、デコポンなどトップシェアを誇る有数の農業県です。
○ しかし、農家が丹誠込めて作った農作物も、市場では規格品しか評価されず、規格外は安くたたかれ、捨てられるものも少なくありません。
○ 一般的に生産される農作物の約５％は廃棄されると言われており、熊本県全体では、約２７，０００トンの農産物が捨てられている計算となります。
○ この「くず野菜」をお金に換えられないか？ 試行錯誤の２年間がありました。

○ このような中、目を付けたのが<u>オフィス街のお弁当屋さん</u>です。
○ 賑わいを見せるのが１１時から１３時過ぎまでのオフィス街のお弁当屋さんでは、それ以外売場も人も遊ばせているという「もったいない」状況にあります。
○ 不況のあおりを受け、売上も低迷しています。
○ さっそく大阪駅前第三ビル地下２階のお弁当屋さんに協力していただき、販売したところ大ヒット！ <u>捨てていたトマトが４ヶ月で１００万円の現金に換わ</u>りました。トマト農家もお弁当屋さんも、そして私たちも驚きの結果に大喜び。

○ 熊本の「もったいない」と大阪の「もったいない」を繋げたい。そして 農家とお弁当屋さん双方の所得向上に繋がれば、私たちもハッピーです。
○ 現在、熊本県内の農家や物産館への農作物提供の呼びかけと、大阪市内のお弁当屋さん１０００件へのDM送付を並行して行い、事業拡大を狙っています。

是非、ひとりでも多くの方に「農業」のそして「地方の活性化」に興味を持っていただければと思い、今回リリースさせていただきました。

お問い合わせ先
熊本県大阪事務所
〒530-0001 大阪市北区梅田 1-1-3
大阪駅前第3ﾋﾞﾙ21階
電話 06-6344-3883
FAX06-6344-3807
torii-m-dh@pref.kumamoto.lg.jp

担当：鳥居（とりい）

詳しい内容をホームページで紹介しています。御覧頂ければ幸いです。
熊本県大阪事務所ホームページ
http://www.pref.kumamoto.jp/soshiki/62

CHAPTER4 リリース原稿の組み立てに沿って書く

タイトル

メインタイトルは「もったいないプロジェクト」という企画名称(造語)をメインに置くのではなく、あくまでわかりやすく。
名称はサブタイトルにしても十分訴求できます。

ボディ「結」

この段落で、「誰が」「何を」「どこで」といった5W+5Hの内容を整理して記載しています。

ボディ「転」

なぜこの企画を思いついたのか。
どんな想いで運営しているのか。
誰が誰のために行なっているのか。
そして、事例を結果として紹介しています。
リアリティがあり、イメージしやすいのでポイント高いですね!
また、社会貢献度を盛り込んだストーリーを記載していますね。

ボディ「結」

最後に「農業」「地方の活性化」という未来を考えてゆかなくてはならないことであるという「リリースにおける将来性」をしっかり協調しています。

読んだ記者すらも、思わず「考えさせられる」内容だと言えますね。

解説付き生リリース原稿 ❸

報道関係者各位

2009年3月25日

「もっと身近に地球を感じる」子供でも簡単に海底や魚が見ることができる釣竿型水中カメラ「ＢＬＡＣＫ－Ｓ」市場導入。

(有)ファーストシーン(所在地:大阪府豊中市曽根西町4-5-23　代表　日夏昌彦)は、水深20mまでの海底を子供でも簡単に見ることのできる釣竿一体型水中カメラ「ＢＬＡＣＫ－Ｓ」59,800円(税込)を2009年2月6日に市場導入いたしました。

温暖化が深刻な問題となっている私たちの地球。もっと関心を持ってもらいたい。もっと身近に感じてもらいたい。そんな想いから生まれたのが釣竿型水中カメラ「ＢＬＡＣＫ－Ｓ」です。
魚釣りや海洋レジャーなどで親子が楽しく遊びながら「家族一緒に新しい発見」という体験を共有できます。
ホームページには「地球を、愛そう。」をテーマにしたページを設けており、自然環境の中、親子で体験した新しい発見を随時募集し、掲載していきます。

販売にあたり、「みんなで地球を愛そう」というコンセプトをもとに、商品の一部を身障者の作業施設で製作していただいています。
また、売り上げの一部はサンゴ礁再生などの地球温暖化対策のために寄付を行います。
少しでも多くの子供たち、そしてかつて子供だったお父さんやお母さんとが、「地球人」として自然環境に興味を持っていただければと思い、開発いたしました。
お取り計らいのほど、宜しくお願いいたします。

なお、当製品は豊中商工会議所が事務局を務める、
おおさか地域創造ファンド豊能地域支援事業助成金の採択を
受けて開発、製品化されました。
（当ファンドに係るお問合せ　豊中商工会議所・吉田 06-6845-8006）

ファーストシーンホームページ
http://www.f-scene.com
「水中カメラ」専用ホームページ
http://www.miruzoukun.com

このリリースに関するお問い合わせ
(有)ファーストシーン
〒561-0801　大阪府豊中市曽根西町4-5-23
TEL 06-6846-3987　FAX 06-6846-5200
hinatsu@f-scene.com

担当：日夏(ヒナツ)

CHAPTER4 リリース原稿の組み立てに沿って書く

タイトル

「もっと身近に地球を感じる」、それって具体的に何？ 誰が何するの？という質問に見事に応えたタイトルになりました。

ボディ「結」

こちらも、もう、皆さんお馴染みの5W＋4Hをもとに無駄なくまとめています。タイトルを見た記者・番組制作者が気がつくと次に目にしてしまっているこの段落。実は大きなポイントです。

ボディ「転」

「温暖化」という地球のこと。
「親子で楽しむ」という家族の絆。
ホームページでのキャンペーンとの連動。
サンゴ礁再生への売り上げ寄付。
そして、子供たちに地球の素晴らしさを教えるのは「お父さん、お母さんなのですよ」というメッセージ。
情報を整理さえすれば、ストーリーにはたくさんの切り口を盛り込むことができるのです。

ボディ「結」

自分ひとりで考えてつくった訳ではない。
たくさんの人々が携わって出来上がっているということ。
まさに、パブリックリレーションズ(PR)。シェアするという気持ちは間違いなく伝わるものなのです。

COLUMN 4

「広報おもしろ話」でも

今回のコラムではプレスリリースではないお話しをしましょう。あ、だからと言ってまったく関係のない話というわけではないですよ。もちろん「広報」に関して。

それではおさらいです。覚えていますでしょうか？「広告」と「広報」の違い。

「広告」は費用対効果。お金がかかります。

反対に「広報」は、いかにお金をかけずに皆さんの「商品」「サービス」をひとりでも多くの人々に理解してもらう術、スキル。でしたよね。

それでは、かつて本当に行なわれた広報の超裏ワザです。今では真似するのが難しい貴重なワザかもしれません。

● 新幹線で無料でコマーシャル

少し昔の話になるのですが、新幹線ではアナウンスがありますよね。今では自動音声ですが、以前は車掌さんが生で放送していました。そこで、あのアナウンスの時間になったら車掌室のドアの前で会社の歌、商品のキャンペーンソング、CMを録音したものを流すという裏ワザがありました。

新幹線中に鳴り響く訳ですよ。会社の宣伝歌が。

そう、「必ず」です。つまり、「必ずテレビに映る」チャンスになるのです。

「そんなこと言ったって、どの部分が撮影されるかわからないじゃないですか」そう思われるかも知れません。

しかし、あるんですよ。それが。それは、取材に来ているアナウンサーのすぐ後ろ。

そうです。ここは必ずテレビに映る場所なのです。そこで社名を書いたボードで大きくPR！きっと撮影スタッフに「すみません。ご遠慮ください」と言われるかもしれません。ということは、言われるまでは宣伝時間です（!?）。

● テレビで無料でCM

お祭り、ありますよね。この日本という国ではあちこちで開催されます。そして大きなお祭りは必ずテレビの取材が入ります。

これらは実際にあった広報術。愛嬌がありますよね。なんだか日本の古きよき時代を感じます。

CHAPTER 5

さあ、リリース開始！

LECTURE 1

「使える」リリースリストは こうつくる。こう育てる

インターネットの普及と共に、新聞社やテレビ局等のメディアのファックス番号リストが簡単に出回るようになってしまいました。結果として現在、書籍等には基本的に代表番号のみを掲載し、各部署のファックス番号等は掲載しないようになっています。

ではどうやってファックス番号が記載されているリリース用のリストをつくるのか。

私のセミナーの受講者には、常に「大変でも**その都度メディアに電話でコンタクトを取ってくださいね**」と伝えています。実はこれは掲載成功のウラにある、地道な努力だったりするのです。

リリースしたいネタがあり、切り口を考え原稿を作成します。その次に皆さんに行なっていただきたいことは、代表番号に電話をかけて、電話を取り次いでくれるオペレーターに、10秒ほどでリリースの内容を伝え、どの部署が適切なのかを聞いてみて欲しいのです。

新聞社やテレビ局では、代表番号の**オペレーターといってもプロフェッショナル**です。皆さんのリリース内容がどの部署なら適切に扱ってくれるのかを判断し、振り分けてくれます。

自分で書いたリリース原稿、ついつい「この内容は経済部だ」「これは社会部だ」というように勝手に判断をしてファックス番号を手に入れて機械的にリリースしてしまいがちです。

しかし皆さん、リリースはメディアにコンタクトを取るところから始まっているのです。

リリース先リストは自分でつくろう

リリース原稿の完成

まずは何をリリースするかを明確に。その後、どの媒体にリリースをかけたいのかを選定してゆく。新聞ならば全国紙、地方紙等々。テレビなら番組名までをしっかり割り出しましょう。

↓

各メディアの代表番号に電話

「どうやって調べるの？」と思われるかも知れませんが、代表番号なら、各媒体のホームページに載っています。また、『広報・マスコミハンドブック　PR手帳』(日本パブリックリレーションズ協会編集、アーク出版発行)という書籍が全国の大型書店、インターネットで販売されています。

↓

オペレーターに内容を10秒で伝える

リリース原稿を手元に置いて、タイトル部分をもとにした内容を新聞社・テレビ局のオペレーターに簡潔に伝えます。

↓

必要なリリース先のファックス番号情報を入手

オペレーターが「それでしたら社会部ですね」「その内容でしたら編集局宛に」といった具合でどちらに送信すればよいかを教えてくれます。

LECTURE 2 リリース先の情報を集めるところから、すでにスタートしている

切り口を与えて生まれてきた皆さんの大切なリリースネタ。

「新聞に掲載されたい」「いや、何がなんでもテレビに出たい」等々、リリース内容を取り上げてもらいたいメディア媒体をあらかじめ想定してリリースをしている方も多いと思います。

ここでリリースを成功させることができる方のほとんどが、前もって**メディア媒体を細かく選定**しています。
新聞であれば、「朝日新聞の社会面」、テレビであれば「ワールドビジネスサテライトのトレたま」というように。

前もって選定ができるということは、その**番組や記事の特徴を把握している**ということになります。自ずとそのメディア媒体に則したネタになっていますし、リリース原稿も記者や番組制作者が受け取りやすいように切り口が整理されています。

リリースをいくら行なっても掲載されない方の多くが、「朝日新聞、取ってないし新聞自体読まない」「テレビ？　見ません。ネットで十分です」といった回答をされます。
自分が興味を持っていないものにアプローチをすること自体が難しいですよね。

記者や番組制作者にしてみれば、「掲載されたら送ってください」ってリリース原稿に書いてあるのは、「かなり悲しい」ことだそうです。

普段読まれていないということですものね。

媒体に対して興味を持っていることを
アピールしよう

新聞・雑誌・テレビ等の動向を普段から察知していることは、リリース先の媒体を選定する上では非常に重要。

それでも限られた時間に今、どの媒体がどんな特集を行なっているのか、どんな企画をしているのか等々を把握するのはなかなか難しいものです。

ニュースリリースコンサルタント等に相談して、最新のメディア動向を教えてもらうのも手ですが、まず最低限、各メディアにアプローチする際、

↓

✕	取りあえず送ってみたのですが……
〇	いつも楽しく拝見しております！

という一言から初めてみてください。

相手の印象も違いますよ。

LECTURE 3

メディアだけではない！ こんなところにもリリースできることを忘れずに

「プレスリリースといえば全国5紙にテレビ番組」、と思い込んでしまっていませんか？

実はそれ以外にも**各都市で発行されている「市報」等の行政の刊行物**にだってリリースが可能です。**商工会議所**の会員であれば、会報にだってリリースが可能なのです。

地域密着のニュースネタであれば十分な効果が期待できますし、市役所での展示イベント等と絡めた扱いになることもあります。

また、市報等に載った実績を持って（添付を行なって）全国5紙やテレビにリリースをすれば発信する時点で記者や番組制作者に「信頼性のある内容」だと感じてもらうことができ、取材までスムーズに進みます。

そして何より、市報や会報は比較的掲載までの道のりが短いです。

市報の場合は、管轄の市役所の**広報課**が担当となります。商工会議所の会報はもちろん各商工会議所で制作、業者発注されている場合がほとんどです。こちらも担当の職員の方に聞いてみるとよいでしょう。

また商工会議所の中には、日刊工業新聞等の「産業経済紙」とつながりを持っているところもあります。

大きな渦を起こすためには、まずは身近な小さな渦から起こしてみましょう。

CHAPTER5 さあ、リリース開始！

市や商工会議所が発行している会報

大きな渦を起こすためのまず第一歩。身近な市報や会報に取り上げられた記事が地方紙や全国紙に掲載されるという流れも大いにあるのです。

LECTURE 4 まず、10秒でリリース内容を伝えられるように

　さて、メディア媒体を選定して、実際にアプローチをかけてゆく段階に入ります。

　数年前までは電話→ファックスというリリースの流れが一般的でしたが、現在はウェブサイトにリリース専用のページが開設してあったり、メールで受け付けていたりとさまざまです。

　ここでは、新聞社やテレビ局の代表番号に電話をかけた場合を想定して解説しましょう。

　まず、電話をかけるとオペレーターが電話を受けてくれます。その際、「リリースを行ないたいのですが」と伝えると、「どういった内容でしょう？」と簡単に質問される場合と、リリース専用のファックス番号を案内される場合の2つに分かれます。

　リリース専用の番号を案内されればそのまま案内にしたがってリリースを行なっていただければ問題はありません。が、内容を尋ねられた場合、**リリース原稿のタイトル部分をもとに10秒以内でオペレーターに内容を伝えられるようにあらかじめ準備**しておきましょう。

　また、テレビ局の場合はほとんどの局で「どちらの番組宛でしょう？」と尋ねられますので、「○曜日○時の○○という番組にリリースを行ないたいのですが」というように答えればオペレーターも案内がしやすいとのことでした。

CHAPTER5 さあ、リリース開始！

テレビ局への電話の手順

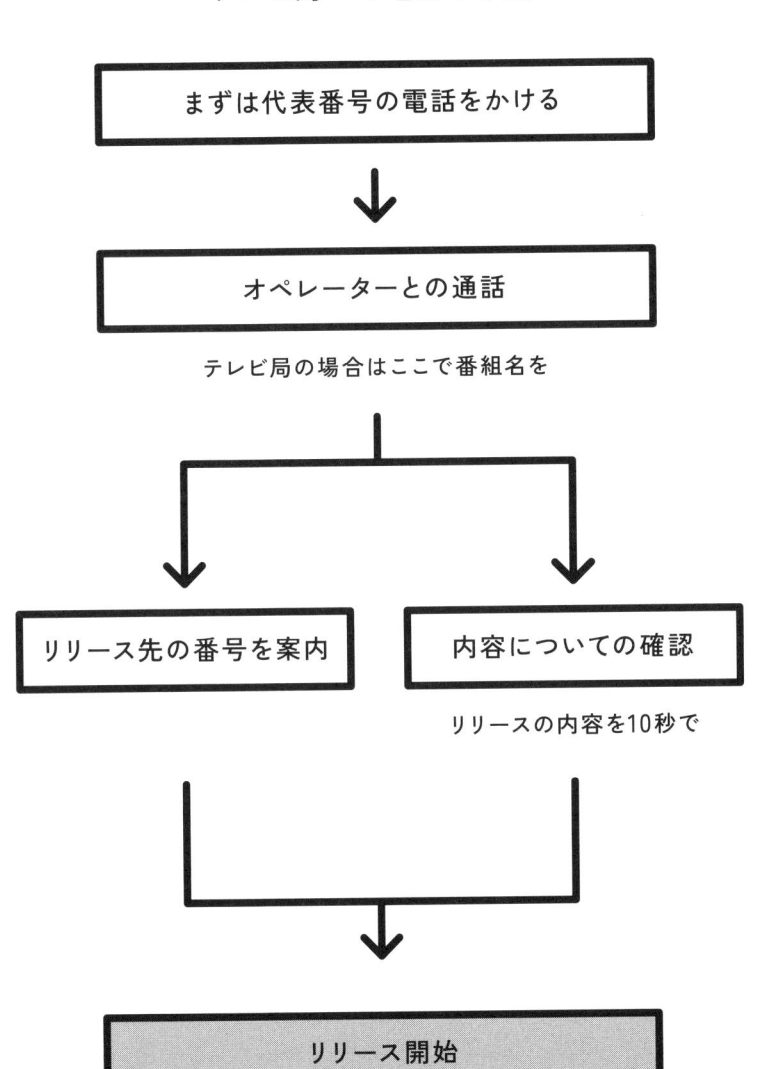

```
まずは代表番号の電話をかける
          ↓
   オペレーターとの通話
```
テレビ局の場合はここで番組名を

```
   ↓              ↓
リリース先の番号を案内   内容についての確認
```
リリースの内容を10秒で

```
          ↓
       リリース開始
```

LECTURE 5 リリース計画を立てる

「プレスリリースとは、一過性の宣伝術ではなく、皆さんがメディアとうまく付き合うための術なのです」
と、本書の冒頭でお伝えしました。

私のクライアントや、プレスリリースセミナーを受講してメディア活用を存分に行なっている方々は、企業・個人を問いません。その方々に共通して言えるのは、掲載事例をうまく活用しているということです。

「掲載を一過性のニュースにしないこと」。
これは運やタイミングだけのお話ではありません。自分自身で操作し、「リリース成功の連鎖」を生むことが可能なのです。

リリースを行ない、ひとつのネタがメディアに取り上げられる。確かに嬉しいものですよね。しかし、本当の「リリースの成功」とは定期的に記者や番組制作者と連絡が取り合えて、彼らと「いつでもネタの共有」ができてこそ本来の成功と呼べるのだと思っています。

そのために必要なこと、それが**リリース計画**です。
メディア媒体の特性をまとめ、まず最初にどの媒体にリリースをかけるのか。掲載成功した場合は掲載記事を活用して次の媒体にリリースを行なう。掲載に結びつかなかった場合はリリース原稿を書き直すのか、同じ内容で再度アタックするのか。

実はリリースは常に動かすことができる計画表でタイミングをつくり出しているのです。

ひとつのリリースを次につなげる

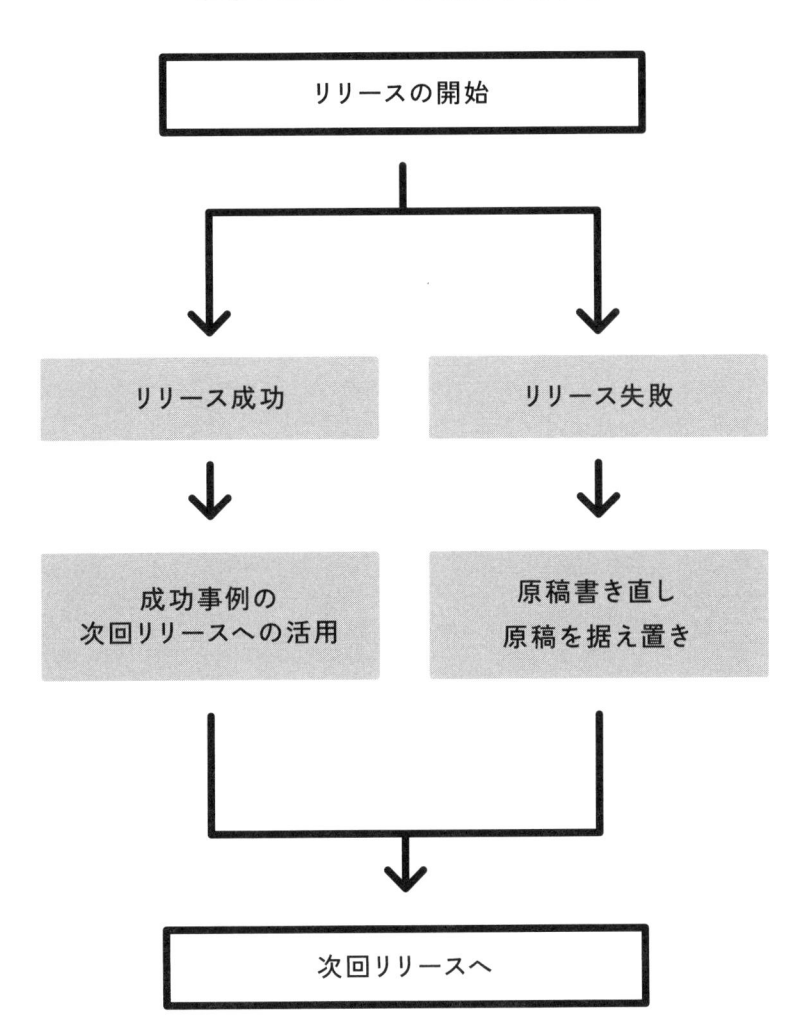

```
         ┌─────────────────┐
         │  リリースの開始  │
         └─────────────────┘
              │
      ┌───────┴───────┐
      ▼               ▼
 ┌─────────┐     ┌─────────┐
 │リリース成功│     │リリース失敗│
 └─────────┘     └─────────┘
      │               │
      ▼               ▼
 ┌─────────┐     ┌─────────┐
 │ 成功事例の │     │原稿書き直し│
 │次回リリースへの活用│ │原稿を据え置き│
 └─────────┘     └─────────┘
      │               │
      └───────┬───────┘
              ▼
         ┌─────────────────┐
         │   次回リリースへ  │
         └─────────────────┘
```

LECTURE 6 リリースの効果的なタイミングとは

　前項で少し触れておきましたが、実はプレスリリースの年間を通した効果的なタイミングは、リリースを発信する側が計画を立てることで、ある程度予測を立てることができるようになってきます。

　その中でも、**2月と8月**は比較的に新聞やテレビではニュースとして皆さんのネタを取り上げやすい傾向があります。というのも、ある記者によれば、2月と8月は経済の動きもゆっくりするからだそうです。
　反対に5月は政治・経済からは目を離せないところがあるため、中小企業のリリースネタをしっかりと読み込む時間をつくり出すことが難しいようです。

　また、リリースが成功しにくいタイミングの背景として、「オリンピックの開催中」「時事問題の大きな動き」「災害報道」等と重なると、いくら目を引くネタであったとしても、ひとまずストックした状態（すぐには取材せず、手元に置いておく状態）にしておくそうです。

　すると、ある程度紙面と時間に余裕が生まれる頃には新鮮さが薄くなっていて、結局は取材・報道までは結びつけることができない場合があるとのことです。

　またリリースを行なって非常にレスポンスが高い曜日と時間帯は、**火曜日〜木曜日の午前10：30〜11：30**となっています。丁度記者や番組制作者が朝の打ち合わせを終えて、自分の机に戻ってくる時間に重なっているからだと言われています。

リリースのベストタイミング

リリース活用されやすい月は

↓

2月と8月

リリースの反応が高い曜日は

↓

火曜から木曜

リリース成功しやすい時間は

↓

AM10:30〜11:30

LECTURE 7 リリース時に仕掛ける「メディアミックス」

　今では当然となってしまったインターネットの活用。ホームページを開設しているだけでは完璧とは言えないのが現状です。

　記者や番組制作者は、いつでも情報を求めています。その情報収集の方法として、**mixiやfacebook等のソーシャルネットワーキングサービス（SNS）を活用**している方々もいます。

　私の知るテレビ番組の制作者の中にも、実際にSNSで情報をピックアップし、テレビ局に提案する企画に活用している人がいます。

　たとえば**twitter**。送られてきたリリース原稿の内容からそのネタのキーワードをピックアップして検索をしてみます。**どれ位の認知度があるのか、反響はどれ位見込むことができるのか等々**。番組を制作する側からすれば、テレビ局やスポンサーに対して企画を提案する上で非常に効果的な「数字」としての資料になります。

　リリース原稿を作成する際には、SNSやブログサイト等でのキーワード検索を行ない、取り上げられた場合の反響を示唆しておくのも有効です。

　また、リリース原稿と連動して、自社のホームページやブログへの掲載はもちろん、各インターネット媒体での露出をあらかじめ行なうことで、多くのメディア媒体からのアプローチを生むことができるようになるのです。

　いかにして1人でも多くの「関心」を集められるか。それがリリース成功の重要なポイントであり、これからはリリースの時点でメディアミックスを活用する必要があるのです。

記者や番組制作者が必ずチェックするSNS

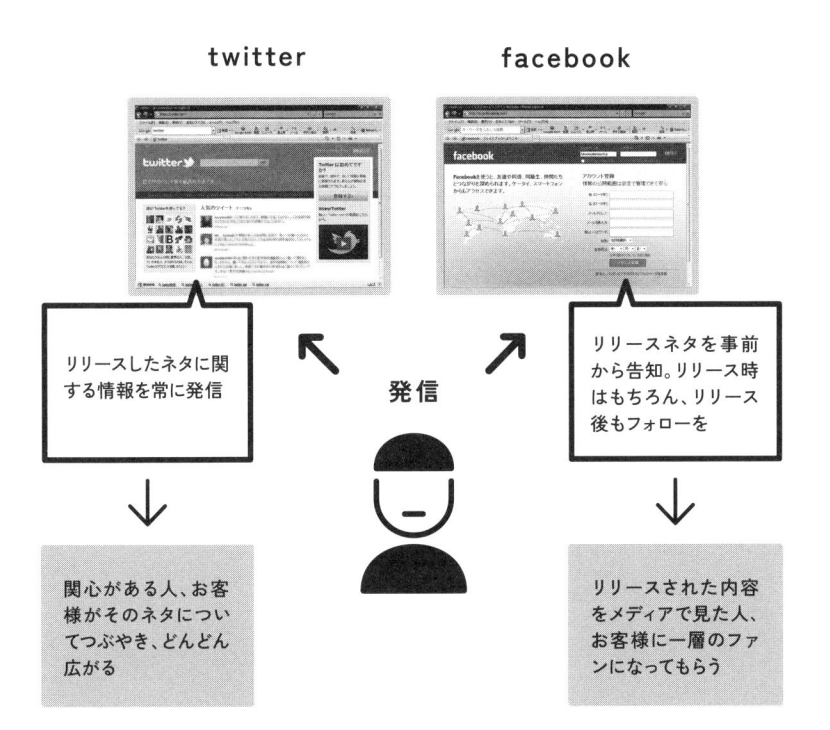

twitter / facebook

発信

- リリースしたネタに関する情報を常に発信
  → 関心がある人、お客様がそのネタについてつぶやき、どんどん広がる

- リリースネタを事前から告知。リリース時はもちろん、リリース後もフォローを
  → リリースされた内容をメディアで見た人、お客様に一層のファンになってもらう

プレスリリース単体で考えるのではなく、数々のメディアを活用してこそ成功する広報術と言えるのです。

CHAPTER5 さあ、リリース開始！

LECTURE
8 新聞社へのアプローチ

　それでは実際に新聞社へのアプローチを流れに沿って解説しておきます。

　まず、まったく新聞を読まないのにリリースを行なうのは控えてくださいね。リリースを考えている新聞を入手し、どういった内容、切り口で記事が扱われているかを実際にご自身の目で確認してください。

　その次に**代表番号に電話をかけ、内容を10秒以内で伝え、どの部署に送るのがよいのかを尋ねてください。**
　「自分では絶対経済面だと思っていたが、実際は社会面で取り上げられて大きな反響があった」というのは案外よく聞く話です。

　ファックスを行なうタイミングは**火曜日〜木曜日の10：30〜11：30**。これは前述した通りです。

　リリースを行なったがまったく反応がなかった場合、リリース原稿に問題があるのか、時事問題等メディアが取り上げなくてはならない「事件」が重なっていてタイミングが適切でなかったのか等々、必ず理由があるはずです。

　たとえば、「いくら数年前に取り上げられて話題になったから」といっても、すでに世の中で周知の事実として認知されてしまっていて、新鮮味が欠けるようであればニュースとしては取り上げてもらいにくい場合もあります。また、薬事法が関係してくるような内容だと、メディアとしては記事や番組としては取り上げにくいといった傾向もあります。

新聞の種類別
「掲載されやすいネタと特色」

全国紙（朝日新聞・読売新聞・毎日新聞・産経新聞）

主な読者	一般
ポイント	新規性、社会貢献度を重視

特化された専門的な知識が必要な内容よりも、一般人が理解できるネタであること。紙面完結をさせず社会に対して投げかけを行なうという目的を重視している。記者は定期・不定期関わらず部署や支局の配置転換が行なわれるので、1人の記者と長く付き合うということが難しい。

全国紙（日本経済新聞）
産業経済紙（日経産業新聞・日刊工業新聞・Fuji Sankei Business i.・日経MJ・日経ヴェリタス）

主な読者	経営者・ビジネスマン
ポイント	新規性、社会貢献度にプラスして経済効果を重視

ネタが数値化されていると取り上げてもらいやすいのが特徴。内容を言葉だけでなく裏付けされた数字を用いて解説。「現在〇〇円と言われている〇〇市場（経済白書調べ）」等。

ブロック紙（北海道新聞・東京新聞・中日新聞・西日本新聞）

主な読者	一般
ポイント	新規性、社会貢献度、地域性を重視

全国紙と地方紙の中間的存在。四大地域での影響力は高い。専門的な内容でも構わないが、何よりその地域・地方の特色が目立つネタであることが好ましい。地域特化というよりも地域特産を全国に広めようという傾向が強い。

地方紙（全60紙）

主な読者	一般
ポイント	新規性、社会貢献度、地域性を重視

地域特色のあるネタは大歓迎。地方紙に掲載された内容をもとに、全国紙からの取材に結びつくこともしばしば。記者の部署転換があまり行なわれないという特色から、1人の記者と長く付き合うことができる。「〇〇県初」という新規性はもちろんだが、「〇〇県発」といった地域発信ができるネタも非常に有効である。

LECTURE 9　テレビ局へのアプローチ

　それでは実際にテレビ局へのアプローチを行なうための流れを解説しておきます。

　新聞同様、見たこともない番組へのアプローチは控えてください。テレビ局の場合はほとんどが電話をかけた時点でリリースを行なう先、つまり番組名を聞かれます。
　ここで「いや、あの、番組はどこでもよいので……」と答えてしまうと、「番組名をお調べいただいた上で、再度ご連絡くださいませ」と言われてしまいます。

　また、テレビ番組の場合は、情報バラエティ、報道番組（ニュースですね）等々、番組の特性ももちろん、時間帯によっても皆さんがお持ちの**ネタを取り上げやすい番組枠とそうでない番組枠が存在**します。

　まずは大まかに番組名をピックアップして、**各番組のウェブサイト**を見てみましょう。
　どういった内容が取り上げられているのかを知るために必要不可欠です。

　そして、ここは必ず押さえておいていただきたいポイントなのですが、リリース原稿に「○○を行なっている映像を撮影していただけます」等、「映像にしたら面白いですよ」といった内容の文章を付け加えておきましょう。

　次に活用していただきたいのが、You tube等の動画投稿サイトです。ご自身で撮影したネタの映像を1分以内に収めて、動画サイ

トに公開し、またその映像をご自身のホームページやブログでも見ることができるように用意をしておきましょう。

テレビ番組の制作者としてネタとして取り上げやすいかどうかのポイントは「映像にして面白いかどうか」だからです。

リリース成功のための
シンプル電話会話の例

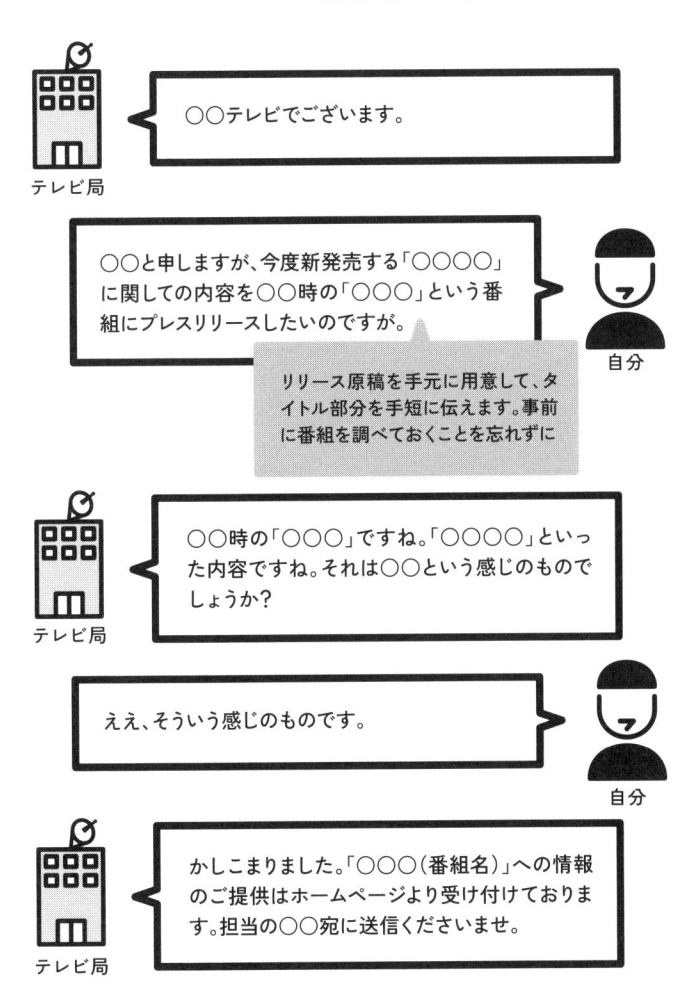

テレビ局：○○テレビでございます。

自分：○○と申しますが、今度新発売する「○○○○」に関しての内容を○○時の「○○○」という番組にプレスリリースしたいのですが。

> リリース原稿を手元に用意して、タイトル部分を手短に伝えます。事前に番組を調べておくことを忘れずに

テレビ局：○○時の「○○○」ですね。「○○○○」といった内容ですね。それは○○という感じのものでしょうか?

自分：ええ、そういう感じのものです。

テレビ局：かしこまりました。「○○○(番組名)」への情報のご提供はホームページより受け付けております。担当の○○宛に送信くださいませ。

LECTURE 10 制作会社へのアプローチ

案外知られていないのがこの「制作会社へのアプローチ」です。

雑誌の場合はもちろんですが、テレビ番組も同様に、そのほとんどが雑誌社やテレビ局の中で制作されている訳ではないのです。

企画に関しては雑誌社、テレビ局、もちろん制作会社で考える場合もありますが、実際に記事を書いたり、番組を制作したりとなると、実質は「制作会社」の仕事となります。

つまり、制作会社に企画のネタとしてリリース原稿を提供するという考え方になります。

彼らも記者や番組制作者と同様、**「企画の質×企画の本数」**で業務が成り立っていますから、**ネタはいつでも探しています。**

では、制作会社にどうやってアプローチするのか。
雑誌の場合は一度でも取材を受けて、その際に名刺交換等を行なわない限りは、あまりに制作会社の数が多く、また制作会社が内容や時期、コンペ等によって変わったりするので、直接雑誌社にアプローチをしていただくほうがスムーズです。
テレビ番組の制作の場合は、番組の最後に流れるエンドロールに「制作○○」という項目が出てきますので、それをインターネットで検索してみてください。

ちなみに、ニュース等の報道番組の場合は、局内でつくられている場合がほとんどですので、制作会社へのアプローチには当てはまりません。

プレスリリースが可能な
テレビ番組の分類と特色

報道番組

ニュース番組

事実の報道。天気予報や交通情報も含む。全国向けのものと、地域向けのものがある。
リアルタイムで状況を伝える中継放送を流したり、事実の報道に加え、ニュースキャスターやゲスト出演者によるコメントを含むニュースショーなどもある。
NHKの『週刊こどもニュース』(2010年終了)の人気が影響し、わかりやすく伝えるニュース番組も増えている。

情報番組

ワイドショー・バラエティ

話題のニュースや、芸能人の動向などについての情報を提供する番組。

教養番組・教育番組

ドキュメンタリー・ノンフィクション

速報性よりも掘り下げた取材を重んじる番組。報道番組の一種でもある。

一般教養番組

化学や生活の知恵などの知識を伝える番組。

紀行番組

国内、国外のさまざまな地域を紹介する番組。旅番組。

LECTURE

11 雑誌社へのアプローチ

　雑誌社へのアプローチに関してですが、住所を確認してみるとほとんどの雑誌社が東京に集中していることがわかります。
　だからと言って地方発信のネタが取り上げられないのかというと、そういう訳ではありません。

　雑誌の場合は、各メディア媒体の中でも**「読者満足」**を重んじる傾向にあります。つまり、皆さんのネタに関する情報が、読者にとっていかに手に入れやすい状態になっているかどうかが取り上げられるかどうかのポイントになります。

　つまり、ここでも言えることが、ホームページはもちろん、**インターネット上での情報の露出がどれだけあるか**、ということです。

　雑誌を見て、興味を持った読者は必ずといっていいほどインターネットで情報を収集します。まず最初に確認するのはそのネタのホームページです。ここに雑誌と同様、もしくはそれ以下の情報しかなければ、読者の期待は下がりますし、いくら情報が多くても、乱雑で整理されていなければ読者の困惑を招きます。

　雑誌は写真と文章で皆さんのネタを紹介してくれます。何より読者の手元に情報が残る時間（情報滞在率）が長いのも特徴です。それだけに雑誌で掲載された内容を**しっかり膨らませるだけの情報の受け皿を準備しておく必要がある**のです。

　また、ほとんどの雑誌にはプレゼントのコーナーが用意されていますから、「読者プレゼント」として、ネタに関係があるものを用意することも非常に有効な手段です。

誌掲載の裏ワザ

その1　読者プレゼントを有効に使う

ほとんどの雑誌には「読者プレゼントのコーナー」が存在します。雑誌の企画と皆さんのネタのタイミングが合致すれば、特集記事にも、プレゼントコーナーにも掲載されるのですが、そうでない場合はプレゼントコーナーのみの掲載になる場合があります。

「ええっ！　それじゃプレゼントの出し損じゃないの？」とは思わないでください。その号でプレゼント掲載だけだとしても、次号以降で皆さんのネタと企画が合致すれば、優先して特集・掲載してくれます。

その2　ファッションやスイーツなどはブログから

とある情報誌の制作会社の方から聞いた話ですが、情報誌の多くの制作会社は、特集や企画の取材申し込み先をブログから検索しているとのことです。飲食店やエステ、ファッションにスイーツ等のネタをお持ちの方はリリースと並行してブログにも力を注いでおきましょう。もちろんブログタイトルにはそのネタのキーワードを忘れずに！

その3　招待券や商品を同封

雑誌社はリリースレターを「郵送」で要求する場合が多々あります。その際、「ご招待券や商品」を同封することで、担当者から知人へと集客の輪が広がりやすくなります。

雑誌に掲載されることは、「目的」ではなく「手段」です。本来の目的が集客や売上げアップならば、担当者が個人レベルで周りに伝えやすいようにリリースも工夫していきましょう。

LECTURE 12 リリースのスタートと共に

　リリースを行なう前にしなくてはならないこととして、今からリリースしようとしているネタが時流に合っているかどうかということはとても重要なポイントです。つまり、**「旬なネタかどうか」**。

　具体的な商品で説明しましょう。釣りざおの先にテレビカメラを取り付けた商品「うみなかみるぞう君」（http://miruzoukun.com/）。
　この商品のリリースを行なう際、4月から初夏にかけては「レジャー商品」という切り口を色濃く出して「ファミリー」というキーワードをコンセプトにリリースを行ないました。秋から冬にかけては「釣り用品」としてのカラーを押し出しました。

　同じ商品でも、**今、記者や番組制作者の目に「旬に映る」のはどちらか**。また、新聞や雑誌であればどういった見せ方であれば取り上げやすいか。テレビであればどういった映像の撮影が可能か。
　リリースを行なう際、切り口はひとつとは限りません。
　むしろ複数ある切り口の中から、「旬に映る」切り口を紡ぎ出す。ときとして組み合わせてみる。

　商品・サービスなのか、人物なのか、会社なのか……等々。

　そしてインターネットの活用が連動して行なわれているかどうか。

　すべてはプレスリリースを思い立った瞬間からスタートです。

　プレスリリースは広報のテクニックのうちのひとつなのですが、実はそれ自体が複合されたメディア広告法なのです。

CHAPTER5 さあ、リリース開始！

ひとつのネタを旬な切り口で
各方面にリリースしよう

> 「うみなかみるぞう君」の成功事例

春・夏 → 「レジャー」でリリース！

> アウトドア雑誌やレジャー雑誌で
> 体験記事などが多数掲載！

秋・冬 → 「釣り」でリリース！

> 社長自ら実際に
> 使用しているところを取材され、
> 釣り専門紙や雑誌に波及！

週刊つりニュース
2009年7月31日

時流、季節によって「旬」と言われるネタ。その大半は「切り口」や「見せ方」なのです。

139

さあ！原稿が出来上がった！

しっかりとした切り口を見つけ、書式に沿ってリリース原稿が完成しました。さあ、いよいよリリース開始です。

FAXか郵送か。原則として、どちらもOKです。つまり両方。「しつこいんじゃないかな……」という心配はご無用です。ただし、媒体に応じて「強いて言えばこちらがいいですよ」という分類はあります。

◉その1
新聞の場合

まずFAXです。新聞は新しい情報をいかにタイムラグをつくらずに掲載できるかがポイントです。つまりはネタが旬であればあるだけ旨みのある記事になるわけです。「ニュース」って言うくらいですからね。

◉その2
雑誌の場合

こちらは郵送に重きを置きます。というのも、雑誌にリリースする場合は、新規店舗のリリース、新メニューのリリース、新しいコースの追加など、商品やサービスが明確な場合が多いでしょう。すると、雑誌で使えるプレスリリースの裏技、「読者プレゼント」が使えます。となると必然的にリリースが二枚組みになっちゃう。

また、飲食店やサロンの場合なら、ご担当記者用に「招待券」を同封しちゃうなんてのもポイント高いですよ。

ただ、ご注意いただきたいのは、新聞と違ってほとんどの雑誌社（それこそ90％）は東京にありますから、地方の店舗に直接来てくれる確率は低くなります……が、やらないよりマシだと思って同封しましょう！　決して損にはならないですから、ね！

◉その3
テレビ番組の場合

リリースする先があまり一般公開されていないことが多いのが、テレビ局の担当部署。そんなテレビ局には、代表電話に直接電話して担当者を教えてもらうのがてっとり早い方法です。

あとの手順は新聞と同様なのですが、代表番号に電話する際、ただ単に「リリースしたいのですが」ではなく、「夕方6時からの○○○という番組に情報をリリースしたいのですが」と、番組名まで伝えるのがポイント。

CHAPTER 6

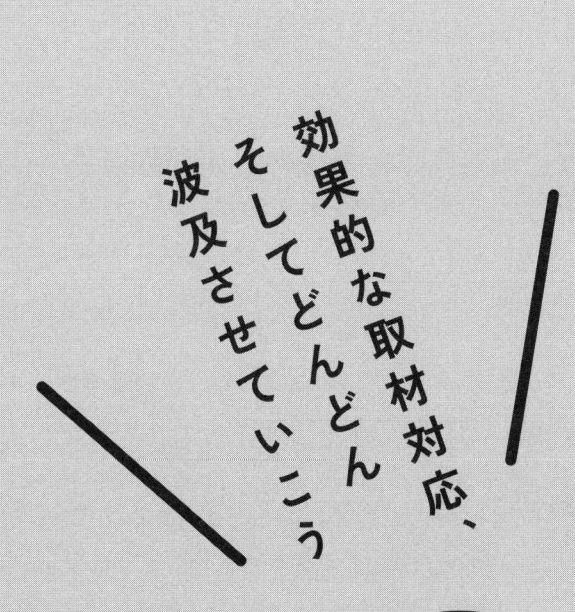

効果的な取材対応、そしてどんどん波及させていこう

LECTURE

1 さあ、取材依頼が来た。
そのときアナタは

　プレスリリースを行ない、新聞社・テレビ局から電話がかかってきました。そうです、取材依頼です。やはり嬉しいものです。

　しかしながら、
「取材が来たけど掲載・報道されなかった」
「掲載・報道はされたが、思っていた内容ではなかった」
という声もよく聞きます。

　さて、どうしてこういったことが起こるのでしょうか？
　あるテレビ番組の制作者は言いました。
「リリース原稿を見て取材に行ってみたんですよ。でも、**実際に現場に行ってみて、テレビ的に面白い部分は本人が見せたい部分とは違うように感じたんですよね**」

　これは一見、番組制作者が「その場でテレビ受けするための判断」を行なったように見えるかも知れませんが、実は違うのです。

　もちろん、「この部分を取り上げてほしい」という皆さんの想いが100%そのまま反映されるということは難しいかもしれません。

　しかし、**「ここだけは何が何でも紹介して欲しい」**という部分を制作者に「伝える」ことができれば、限りなく皆さんの希望に沿った番組となるはずです。
　箇条書きでかまいません。「ここだけは何が何でも紹介して欲しい」という部分を洗い出し、整理して伝えやすくしておく。
　実はこれこそが「取材対応」と呼ばれるものの重要なポイントなのです。

テレビ取材対応を成功させるための
5つのキーポイントシート

1 あなたのネタが読者・視聴者（ターゲット）に与えるメリットは？

2 メリットによって、どのようにターゲットの「困った」が「解決」に変わるのですか？

3 ネタに「動き」等映像にできる部分はありますか？

4 映像で見ると「ココが面白い」という部分は？

5 そのネタは専門的知識がなくても扱えるものですか？
　専門知識が必要だとすれば、どのようなものですか？

LECTURE 2 取材対応で掲載・報道の扱いが変わる

　それでは具体的に取材対応はどうすればよいのでしょうか？
　まずプレスリリースの鉄則がありました。それは「記者や番組制作者も皆さんと同じ人間」だということです。
　それでは、皆さんが取材をする側だとしましょう。まず、せっかく取材に行くならば「必ず掲載・報道に結び付けたい」と思うはずです。

　ということは、取材に出向いた際、「リリース原稿に書かれている内容に加えて、何を取材すればよい記事、よい番組になるか」という**事実が明確に整理されていればスムーズに取材できます**よね？
　スムーズに取材できれば、限られた時間の中で行なわれる、記事を書いたり、編集したりといった業務に余裕が生まれます。

　余裕が生まれるということ。実は非常に重要なことです。

　余裕が生まれることによって、新聞記者であれば、地方版の記事ではなく、全国版の1面を飾るために幾度にも渡って原稿を練り直せますし、番組制作者は「テレビ的に面白いもの」という制約に関係なく、少しでも皆さんが訴えたい事実を視聴者が受け取りやすい形にまとめてゆくことができるようになります。

　取材対応と聞いて、どうやって接待するかなんて、難しく考える必要はないのです。いかに取材しやすいように情報をまとめて、整理しておくか。
　つまり、相手の立場になって考えるということです。
　記者や番組制作者も、皆さんと同じ人間なのですから。

取材対応のための
8つのチェックシート

- ☐ リリース原稿は手元に用意できていますか?
- ☐ リリース原稿とは別に、そのネタが生まれた経緯等が時系列(年月日の順)で整理されていますか?
- ☐ 実物を見てもらえる準備はできていますか?
- ☐ 見てもらえないものだとしたら、写真は準備できていますか?
- ☐ パンフレットやチラシ等の資料は準備できていますか?
- ☐ お客様の声等、第三者の推薦を書面で準備できていますか?
- ☐ テレビ取材の場合、成功させるための5つのキーポイントシート(143ページ)は用意できていますか?
- ☐ 追加取材が必要な場合を想定して、以降2週間のうちで対応可能な日を、3日ほど候補をあげられていますか?

LECTURE 3

ここで初めてターゲットは記者から「読者・視聴者」に

　記者や番組制作者が取材に来ました。その日から、皆さんの**ターゲットも「記者・番組制作者」から「読者・視聴者」に変わります**。

　リリース原稿に書いてある内容、それはもちろん事実。しかし、あくまでメディアを取材に呼ぶための切り口でもあったはず。

　さて、今回は記者や番組制作者が皆さんの前にいます。彼らはもはやターゲットではなく、**「チームメイト」**です。
　リリース原稿に書かれていた内容にプラスして取材対応のために整理した内容を「一緒に」囲んで、インタビューに応えつつ、「ここはどうしても盛り込んで欲しいですね」といった感じで打ち合わせを行なってください。

　たとえば、静岡県の富士市。ここには「つけナポリタン」なるB級グルメが存在します。町おこしのためにスタートしたそうです。
　このつけナポリタンの音頭を取っているのが富士商工会議所、商業観光課の神尾英尚氏。つけナポリタンの「ここを見て」という部分を随時サポートメンバー全員で共有しています。
　その内容をメディアとさらに共有。
　結果大勢のメンバーが一緒にひとつのことに向かっている、文字通り「一体感」が響いていきます。

　記者や番組制作者は、取材の際、まず「主題」を探し始めます。
　整理した内容から、まずは主題を考えてゆく。その主題の中に、皆さんが必ず盛り込みたい内容を入れておく。そうすることで、皆さんの意に適った記事や映像に近くなってゆきます。
　記事も番組も、**一緒につくってゆく**のです。

CHAPTER6 効果的な取材対応、そしてどんどん波及させていこう

「つけナポリタン」のプレスリリースから拡がった記事

情報誌『東海じゃらん』
2010年4月号

JAL機内誌「スカイワード」
2010年9月号

「つけナポ」に取り組む
地元メンバー
×
記者や
番組制作者

日刊スポーツ
2009年2月17日

富士ニュース2009年2月24日

リリースのネタに携わり、取り組むメンバーの一体感は、必ず記者や報道関係者の心に響く。メディアがチームメイトになってくれたら、計り知れない相乗効果となり、その結果がまた取り組むメンバーへの励みになるのだ。

147

LECTURE 4

記者も皆さんと同じ人間です

　新聞記者、テレビ番組のプロデューサー、ディレクター。
　普段会うことのない人々なので、どうしても少しモヤがかかった印象を受けてしまいます。
　しかし、私、福満ヒロユキの知る限り、記者や番組制作者は皆さんと何ら変わりのないビジネスマンです。

　たとえば、ある新聞記者が言いました。

「僕らは加工業ですよ」と。

　皆さんからの情報を取材というかたちで仕入れて、自分というフィルターを通して記事にする。上司にチェックしてもらって、ときとして修正の指示。ギリギリまで書き直すことだってあります。ようやく出来上がった記事が印刷され、新聞の紙面を飾り、読者へと届く。

　あるテレビ番組の制作ディレクターが言いました。

「メディアはブラックボックスではありません」と。

　確かに普段お会いすることが少ないかもしれません。それはテレビ局の数自体が限られていて、他の業種よりもその数が少ないだけのこと。番組を企画して、スポンサーに提案し、制作。そして視聴者に向けて放映。もちろん企画が通らなければ予算がつかない。ですから必死で会議に臨んでいます。
　彼らだって、この社会を担っている人間です。さあ、プレスリリースをもっと身近に感じてくださいね。

新聞社の流れは加工業と同じ

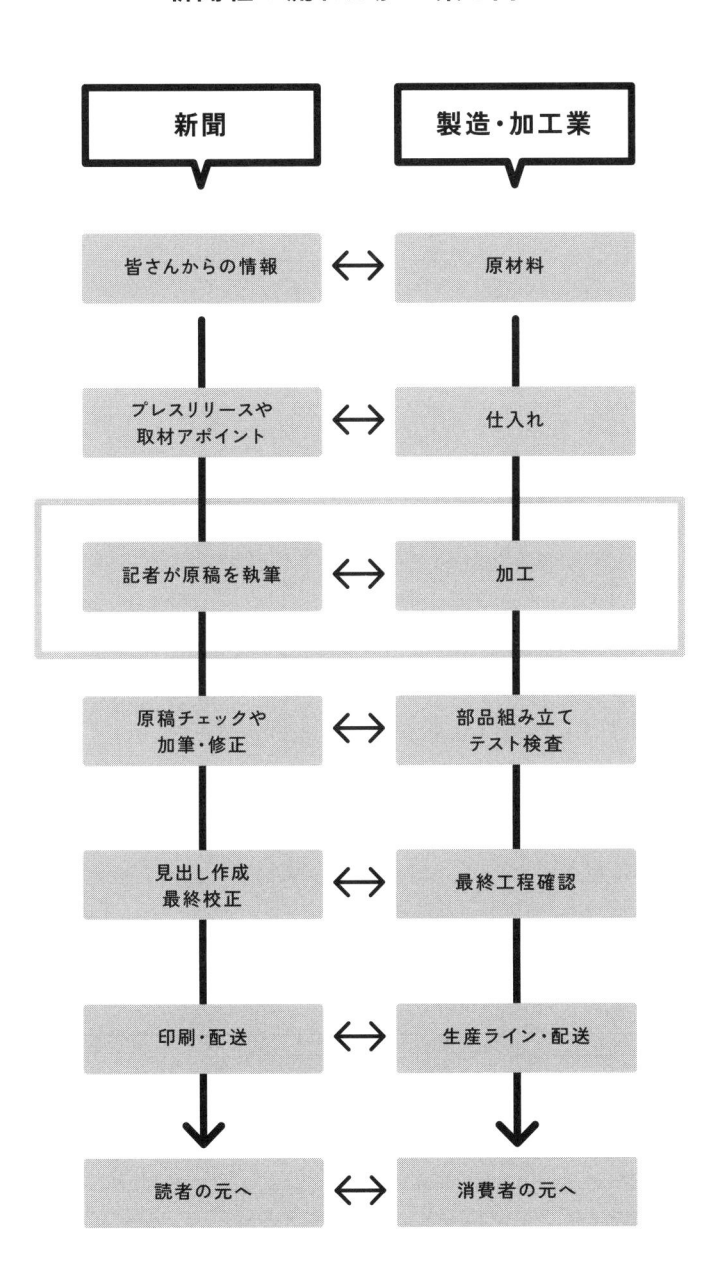

新聞		製造・加工業
皆さんからの情報	↔	原材料
プレスリリースや取材アポイント	↔	仕入れ
記者が原稿を執筆	↔	加工
原稿チェックや加筆・修正	↔	部品組み立てテスト検査
見出し作成最終校正	↔	最終工程確認
印刷・配送	↔	生産ライン・配送
読者の元へ	↔	消費者の元へ

CHAPTER6 効果的な取材対応、そしてどんどん波及させていこう

LECTURE 5 メディアはブラックボックスではありません

　新聞社、テレビ番組、雑誌……等々。
　マスメディアをついつい「ブラックボックス」のように感じてしまっている方々も多いようです。

　ブラックボックスとは「内部の動作原理や構造を理解していなくても、外部から見た機能や使い方のみを知っていれば十分に得られる結果を利用する事のできる装置や機構の概念。転じて、内部機構を見ることができないよう密閉された機械装置を指してこう呼ぶ」（Wikipediaによる）と説明されています。
　つまり「中がどんな仕組みで動いているかは公開されていない。けれど、知らなくても活用できる」といった感じですね。
　しかし、メディアに関しては、決してそんなことはないのですよ。
　最近では新聞社が率先して、メディアのあり方や仕組み、プレスリリースの扱われ方などを公開するセミナーも増えてきています。中でも、「サンケイグループ」の産業経済紙『Fuji Sankei Business i.』では新聞記者が添削をして、内容がよいものにはその場で取材といったセミナーを定期的に開催されています。
　これは、講師ブームの仕掛け人でもある人材活性プロデューサーの大谷由里子さんが代表を務める「志縁塾」の主催で行なわれています。私、福満ヒロユキはそのセミナーの中で講師を務めさせていただいています。
　確かに**「情報を扱う企業」**であること。それは事実です。内容によっては機密性の高いものもあります。
　だからといって、一から百までのすべてが不透明という訳ではないのです。
　「知りたいな」と思うことがあれば、どうぞご遠慮なく尋ねてみてください。彼らにとって皆さんは読者なのですから。

CHAPTER 6

効果的な取材対応、そしてどんどん波及させていこう

「プレスリリースセミナー」も開催されている

特別講座　2011月1月28日(金)10:00〜17:00

「マスコミに無料・掲載される」ノウハウの全て！
〜プレスリリース・セミナー〜

プレスリリース・レターの書き方からアプローチ、
そして、実際に掲載されるまでのノウハウが1日で身につきます！

【内容抜粋】
① テレビなどでおなじみのフジサンケイビジネスアイ取締役 平田篤州氏による掲載される「プレスリリースの書き方」を特別に公開
② プレスリリースの成功率97%を誇る「福満ヒロユキ氏」による(実践編)プレスリリースレター原稿を作成
③ フジサンケイビジネスアイの編集部(専門家)によるプレスリリース原稿の添削付き

講師　平田 篤州　　　　　　　　　　　　　　講師　福満ヒロユキ

こんな方にオススメです
● 新たに開店される飲食業の方
● 独自の商品やサービスをお持ちの企業の方
● プレスリリースの手法を自分の付加価値としてクライアントに提供したいと考えている士業や経営コンサルタントの方
● 新商品・新サービスを開発した企業の方
● 広告・広報の知識を深めたい企業の方

お客様の声
● 今まで記者の気持ちまで考えていませんでした。楽しく、ためになりました。
● 即やってみようと思える内容でした。
● プレスリリースの「テクニック」と「心」そして「元気」を頂きました。
● 今まで「伝える」と「知らせる」の違いが分かっていなかった。
● 新しいことをたくさん知ることができ、大変勉強になりました。
● ビックリな展開で楽しく有意義な時間でした。

プレスリリースの専門家 『福満ヒロユキ』が手がけた、リリース掲載の一例

● 日本テレビ「全日本通販王選手権」へ。
　レジャー用品として開発された、テレビカメラの付いた釣り竿「海なかみるぞう君」。
　現在大ヒットを記録している商品の裏側にはプレスリリース活用があった。
　〈(有)ファーストシーン〉
　業界紙、レジャー誌等の雑誌やスポーツ新聞へのリリースから始まり、路線を変更して「トレたま」へ。
　その後数々のバラエティ番組へのリリースが成功し、日本テレビ「全日本通販王選手権」へ。
　タレントの島田 紳助氏のお気に入りアイテムに。

● 鰹節屋をプレスリリース。
　地方紙掲載成功に始まり、リリースがリリースを呼びNHK朝ドラ「てっぱん」の鰹節屋のモデルに。
　〈浜弥鰹節〉
　次期三代目(現在専務取締役)の「出汁の取り方講習会」のリリースから始まり、
　地方紙→全国紙→テレビとリリース成功を重ねた。
　NHK朝の連続ドラマのモデルになり、番組の鰹節監修も務める。現在も新聞・テレビからの取材が後を絶たない。

● 熊本県「もったいないプロジェクト」をリリース。
　〈熊本県大阪事務所〉
　リリースをかけて全国紙、産業経済紙に掲載成功。その後テレビの報道はもちろん、全国メディアと深い繋がりができ、
　定期的に情報配信を行う。NHK、読売テレビ、毎日テレビ、地元熊本テレビ等。

新聞社が読者や企業に「プレスリリース」という手法を浸透させることで、情報の共有促進を図る。

151

LECTURE

6 一過性のリリースに
しないために

「新聞やテレビに掲載・報道が成功した！」ひとまずはおめでとうございます。しかし、プレスリリースはここからがスタートです。
次に皆さんがしなくてはならないこと、それは、掲載や報道された記事や番組の画像や内容をまとめ、資料として整理してゆくこと。
そして、次のリリース先へのリリース原稿を送付・送信する際に活用していくことなのです。

「でも、朝日新聞に掲載されたら、他の全国紙では取り上げてもらいにくいのではないか？」というご質問をよくいただきます。
確かにそういったイメージは強いですよね。競合といった感じがありますから。
しかし、一概に言い切れるものではないのです。

1紙に掲載されて終わるか、他の新聞や媒体に波及効果を生むのかは、その**リリース内容の反響度合い**によって決まるのです。

メディアは読者・視聴者の代表ですから。

かといって、朝日新聞に掲載された記事を他の全国紙にリリースする必要はありません。彼らは常に他社の記事を研究しながら構成を考えていますから、ほとんど掲載された記事を把握しています。

ではどこに掲載記事や報道結果をリリースするのでしょう。
新聞でしたら、全国紙、産業経済紙、ブロック紙、地方紙、業界紙とカテゴリが分かれています。
カテゴリが違えば、掲載記事をリリース原稿に添付する手法は非常に有効なのです。

次の取材を呼ぶための
8つのチェックシート

- ☐ 掲載・放映を事前に1人でも多くの方に周知できていましたか？
- ☐ 掲載記事をファイルに綴じ、かつスキャンをしてデータで残していますか？
- ☐ 放映された映像のDVDは番組すべてではなく、必要な部分だけ編集されていますか？
- ☐ それぞれのプレスリリース原稿は整理されて、そのリリース原稿が、どのリリースの内容か整理されていますか？
- ☐ 取材対応の内容を整理し、資料として残していますか？
- ☐ 新聞やテレビ番組のカテゴリを整理して、次のリリースのスケジュールを立てていますか？
- ☐ 掲載・報道の結果を1人でも多くの方に周知できましたか？
- ☐ 新聞・番組を見た方々からの感想はまとめられていますか？

LECTURE 7 プレスリリースの本当の目的

本書の冒頭で、PRという言葉について説明しました。
「Public Relations＝情報を共有してよりよい社会を創造する」でしたね。
プレスリリースはそのための一手段なのです。
新聞であれば、カテゴリが違えば案外記者たちも交流が少ないものなのです。業界紙で取り上げられ、記事となったリリース内容を全国紙にリリースする。
本来ならば全国紙の記者が目にすることがなかったかも知れない内容を、皆さんの手で分かち合ってゆくのです。
絶対にマイナスの印象を与えることはありません。
それに、**カテゴリが違う場合は、新規性が損なわれているとは思われません。なぜならば切り口が違うから、つまり、読者層が違うから**です。
実はマイナスどころか「ありがたく」思ってもらえることのほうが多いのです。
記者たちは限られた時間の中で情報収集を行なっています。これもまた皆さんと同じ、1日は24時間しかないのです。
その中で、「信憑性のある情報」をピックアップして取材を行ないます。

ここで、カテゴリが違う媒体で記事として扱われていたとしたら、**かなりの高確率で信頼のおける情報**だと認識できるのです。

信頼のできる社会貢献度が高い情報であれば、業界紙から全国紙というカテゴリが変わることで切り口が変わります。一層の反響を呼べるかどうか。そこからは「記者の腕の見せどころ」なのです。

ある新聞記者へのインタビュー

——同じ会社でも部署が違えば、交流は少ないものなのですか？

記者：実はそうなんです。ですから、リリース原稿を片っ端から全部の部署に送ってこられると、ちょっと困ったことになることがあるんです。

——困ったこととは？

記者：同じニュースを「社会部」と「経済部」で取り上げてしまう。もちろん入稿までにチェックをするので、そのまま発行されることは非常に稀なのですが、発覚した時点でどちらかの記事を没にしなくてはならないので。

——なるほど、慌ただしいときに、一層慌ただしく差し替えをしなくてはならないってこと？

記者：その通りです。

——やはり同じニュースを違う部署で取り上げてると問題ですか？　リリースする側からすると嬉しいけど。ヘビーローテーションみたいで。

記者：勘弁してくださいよ。どれだけその内容（企業）に肩入れしてるのかと思われたり、もしくはチェックのミスを露呈してしまうようなものですよ。

——なるほどね。

同じ内容のリリース原稿を複数の部署に送るのはタブー。

CHAPTER6 効果的な取材対応、そしてどんどん波及させていこう

LECTURE 8

取材を受けたあと、そして掲載・報道されたあと

　この項目は、「非常に重要」です。
　しかしながら、この本を手に取っている皆さんは、肩の力を抜いて、リラックスして読み進めてくださいね。「なあんだ、そんなことか」と思っていただきたいのです。

　取材を受けたあと、記者や番組制作者に宛てて、ちょっとしたフォローをしておきます。
　これは決してモノを贈るということではありません。それだとむしろ困惑してしまうことが多いようです。
　それではどんなフォローをするのか。まずはメールでも結構ですから、**「取材ありがとうございました。ご不明な点、お気づきの点がありましたらお申しつけください」**と一文添えて連絡をするのです。
　「もう少し深く突っ込んで聞きたいことがありましたら、ご遠慮なくおっしゃってくださいね、再取材していただいてもいいですよ。情報公開をさせていただいています」といった気持ちで感謝を伝えてください。
　そして、報道・掲載のあとは、電話と手紙。
　掲載されている記事を読んだら、まずは電話をかけてみましょう。すぐに喜びと感謝を伝えてあげてください。これは本当に嬉しいそうです。
　そして、メールもいいのですが、手紙。皆さんご自身の感想と、周りの方の反響などを肉筆で文章にまとめて送ってください。
　記者や番組制作者の中には、そんな皆さんからのサンキューレターをいつも手帳に挟んで励みにしている方もいるのです。
　決して難しくはない、メディアとのコミュニケーションのとり方なのです。

CHAPTER 6 効果的な取材対応、そしてどんどん波及させていこう

ある記者のステキな本音

ある新聞記者と食事に行く機会がありました。
食事も終盤に差し掛かり、少々アルコールも入ったところでその記者が言いました。
「福満さん。ボクね、宝物があるんです」
そういうと彼はシステム手帳を取り出します。
いつも取材は大学ノートで行なっている彼。
取材内容以外のスケジュール管理を行なっている、大事な手帳。
「宝物？　その手帳が？」と聞き返すと、
「いいえ、これです、これ」と手帳のカバーのポケットから手紙を取り出す彼。
「これ、読者の方にいただいたんです」
「見ていいの？」
「ええ」
もちろん名前は手で隠して、私に読ませてくれました。

○○記者。先日の記事を拝読して、思わず手紙を書かせていただきました。
あの記事を読んで、僕も「あきらめない」と思わせていただいたのです。
これからも、きっとつらいことがたくさんあると思います。
その度にあの記事を読み返します。
二度と僕はあきらめようとは思わない。
生きることを、二度とあきらめようとは思わない。
○○記者、ありがとうございます。

「サンキューレターは、私たち記者の宝物なんですよ」

サンキューレターは記者の宝。

LECTURE 9

掲載・報道後に仕掛ける「メディアミックス」

　本来、異種の媒体を組み合わせて広告の相乗効果を狙うという意味がある「メディアミックス」。昨今では、経済効果の高かった商品・商材（キャラクター・映画・ドラマ等）を他の媒体でも商品化して新たなる経済効果を生むという意味が色濃くなっています。ヒットした映画をテレビゲーム化、といったものですね。

　さて、プレスリリースでのメディアミックス。この場合は大きく意味が異なります。

　まずは、リリース内容（商品・サービス・人物・企業）を取り巻く環境を把握することから始まります。

　たとえば、元々アウトドア向けに開発された商品があるとします。

　もちろん取り巻く環境は「レジャー」ですよね。媒体はもちろん、新聞記事のどの部分、どのテレビ番組に適したリリース内容なのかを整理してみましょう。生活記事、レジャー雑誌、情報バラエティ等々。

　商品の広まる先はもちろんアウトドア業界ですね。

　そこで、取り巻く環境を「学習」に変えてみましょう。

　雑誌は科学雑誌や学習雑誌に変わるでしょう。番組は同じく情報バラエティだとしても、放送時間自体が変わり、また、番組内での扱いも変わってきます。

　そうなると、その商品が広まる先は「学校」になるでしょう。

　では次に、取り巻く環境を「災害」に変えてみましょう。

　媒体は報道番組がメインとなり、非常に社会性が高くなってきます。結果として国の機関から「災害対策」として大きな支持を集めることにもなり得るのです。

　つまり、取り巻く環境は、皆さんの**リリース内容の「広まる先」を決める**のです。取り巻く環境の接点、それがメディアであり、切り口を変えることで相乗効果を生むのです。

CHAPTER 6 効果的な取材対応、そしてどんどん波及させていこう

ひとつの製品でも、リリースの仕方で広まる先が変わる

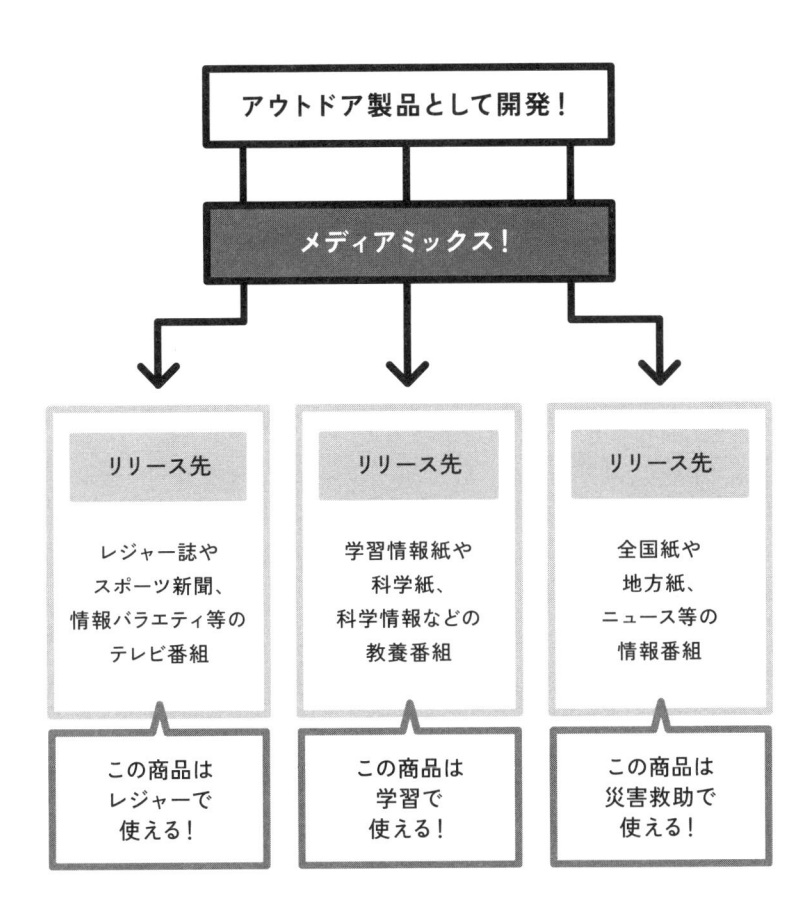

```
         ┌─────────────────────────┐
         │  アウトドア製品として開発！  │
         └─────────────────────────┘
         ┌─────────────────────────┐
         │      メディアミックス！      │
         └─────────────────────────┘
              ↓         ↓         ↓
```

リリース先	リリース先	リリース先
レジャー誌やスポーツ新聞、情報バラエティ等のテレビ番組	学習情報紙や科学紙、科学情報などの教養番組	全国紙や地方紙、ニュース等の情報番組
この商品はレジャーで使える！	この商品は学習で使える！	この商品は災害救助で使える！

LECTURE 10

リリース後の効果分析、それを私たちは宝と呼ぶ

「福満さん！　おかげさまで新聞・テレビ番組で掲載・報道されました！」と喜びのご報告。福満ヒロユキとしては、「この仕事をしていてよかった！」と思う瞬間です。

しかし、すぐさま気を引き締めて、こうお伺いするようにしています。

「掲載・報道の資料化はできましたか？」
プレスリリース初心者が陥りがちなポイント、それは、掲載・報道を「目的」としてしまうことなのです。

この本を手にした皆さんは、しっかりと心に焼き付けておいてください。新聞やテレビ番組での**掲載・報道は、「目的」ではなく「手段」**だということを。

皆さんのリリース内容が、どういった扱いでメディア露出を果たし、**どのように社会の眼に映っているのかを知る必要があります。**

「何年、何月、何日のどの部分に記事として掲載され、見出しは○○、内容は主に○○を切り口としていた」
「何年、何月、何日、何時の○○という○○番組（例：報道番組）に○時○分〜○時○分の○分間報道され、タイトルは○○、内容は主に○○を切り口とし、○○の映像が中心だった」

掲載事例はしっかりと記録に残し、資料化しておく。それにより、どういった人々（ターゲット）への露出が行なわれたのかを明確にしておく。

広報戦略として活用するためには、とても重要なことなのです。

掲載・報道のまとめ資料の例

摂津金属工業所・プレス加工のリリースに関して

新聞社	日刊産業新聞
部署	経済部
年月日	2010年6月17日
見出し	鋼管プレス加工拡充
内容	会社のこと、技術のこと、技術の用途のことについて。

小金屋納豆のリリースに関して

テレビ局	関西テレビ
番組名	メイドインカンサイ
年月日	2010年6月29日AM0:35〜
見出し	納豆嫌いの外国人でも食べられる 最強納豆料理
内容	ケンドーコバヤシさん、後藤ひろひとさん、小泉エリさんが工場に来社。小金屋納豆の特性を、新しい納豆料理という切り口で紹介。

CHAPTER6 効果的な取材対応、そしてどんどん波及させていこう

LECTURE 11

メディアが味方についたなら

　　リリース内容を整理し、定期的にプレスリリースを行ない、反響を資料化し、常にメディアとよい関係を保っておく。

　実はプレスリリースの達人と呼ばれる人々の持つ**「奥儀」**は、文章にすると上記の２行で収まってしまうのです。
　決して難しいことではなく、**いたってシンプル**なことですよね。
　心がけひとつです。この奥儀を守っていれば、気がつけば新聞記者や番組担当者から、
　「なにか面白い情報はないですか？」
　「先日取り上げさせていただいた番組の反響はいかがでしたか？」
　「今度こんな番組の企画を考えているのですが、どなたかお詳しい方をご紹介いただけませんか？」
　といった連絡をもらうようになります。これは実はメディアからの信頼のバロメーターです。

　私もありがたいことによくご連絡をいただきます。その際は、クライアントや、知人を紹介するようにしています。
　「あとはウェブサイトを確認して、コンタクトをとってみてください」というように、直接やりとりをしてもらうようにします。

　私が間を取り持って記事や番組にするよりも、双方気が楽なようです。いいことだと思っています。記者や番組制作者も、また、取材を受ける側も、他に気を使わなくてはならないことが多いはず。

　「いい記事や、反響の多い番組になればいいなあ」と、皆さんが喜んでいる顔を想像しながら、「プレスリリースの輪」を広げています。

メディアとよい関係を保つためのポイント

- 少しでもネタになりそうなことがあれば、リリース原稿を書いて情報提供を行なう。

- 情報提供先は何もメディアだけではありません。周りに取材を受けた人がいれば、その人にも「こんな商品があるんだけど」と情報提供を行なう。

- 自分自身のことだけでなく、周りに面白いネタを持っている人がいたらリリース原稿にまとめてプレゼントをしてみる。

- ブログやツイッターで自分のネタだけではなく、周りのネタも取り上げる。

- 気に入った番組や記事があれば、感想を送ってみる。

CHAPTER6 効果的な取材対応、そしてどんどん波及させていこう

LECTURE 12 掲載・報道の波及効果

　私のプレスリリースセミナーの受講生、有限会社ファーストシーンの日夏社長が言いました。
　「うちはインターネットのホームページを通じてグッズを販売するのが業務なので、正直を言うと営業の仕方もわからなければ、新規開拓の方法もわからず、せいぜいネット上にバナー広告やリスティング広告を出して、あとは注文を待つしかなかったんです。
　それが、プレスリリースを行なってみて、最初は雑誌に小さく取り上げられただけだったのが、気がつくと新聞・テレビ・雑誌と連続して掲載・報道していただき、一年後には日本テレビさんの『全日本通販王選手権』からオファーを頂戴したんです。
　今は注文の数に生産を合わせようと一所懸命です。営業が苦手な私には、この手法は本当に『ありがたい』の一言に尽きます」

　日夏社長は、結果としてプレスリリースを営業手法のひとつとして活用する方法を確立されました。

　このように、プレスリリースを活用して、**報道の連鎖を生み、ビジネスへの波及効果を高めてゆく方々**には、共通したポイントがあるのです。
　それは、**「プレゼンテーションがうまい」**ということ。もしくは、「プレゼンテーションのうまい担当者がいる」ということです。
　「ええっ！　僕、プレゼンなんてできないですよ！」日夏社長は目を白黒させながら言います。
　いいえ、「プレスリリースは新聞記者やテレビ番組に対して行なうプレゼンテーション」。資料を整理して、要点を伝える。十分にできているのですよ。

定期的なリリース発信が
波及効果を加速させた

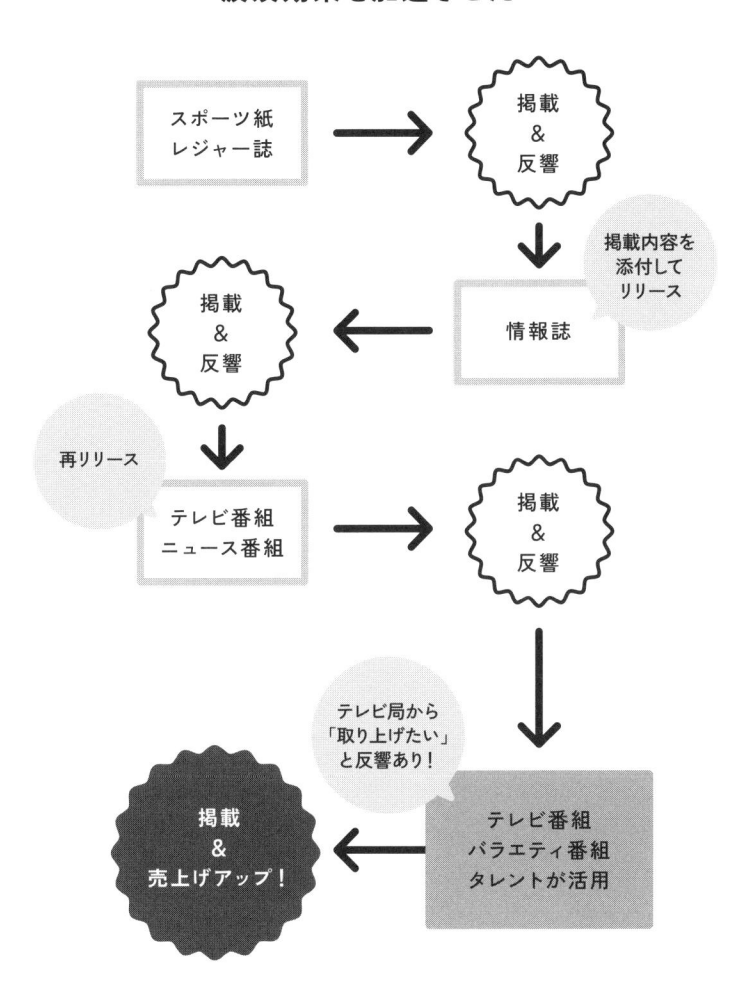

```
スポーツ紙        →   掲載
レジャー誌             &
                      反響
                        ↓
                    掲載内容を
                    添付して
                    リリース
   掲載       ←     情報誌
    &
   反響
    ↓
   再リリース
    ↓
  テレビ番組     →   掲載
  ニュース番組        &
                    反響
                      ↓
                  テレビ局から
                  「取り上げたい」
                  と反響あり！
   掲載       ←    テレビ番組
    &              バラエティ番組
  売上げアップ！    タレントが活用
```

> プレスリリースとは、新聞記者やテレビ番組制作者に対して行なうプレゼンテーション。連鎖を生めば、媒体が次の媒体へプレゼンテーションしてくれる。

CHAPTER6 効果的な取材対応、そしてどんどん波及させていこう

LECTURE 13

掲載・報道の成果はこうして「売上げ」「認知度アップ」につなげる

　それでは実際に、掲載・報道の記事や番組を売上げにつなげる方法を紹介しておきましょう。
　まずリリース内容のホームページ（ウェブサイト）を用意します。
　読者や視聴者は興味を持てば、必ずと言っていいほどホームページを開き、より多くの情報を得ようとします。

　つまりは**情報収集をしてくる人々の受け皿を用意しておくこと。**そして、そのホームページには、必ず読者や視聴者に対し次のアクションを促せるだけの仕掛けを盛り込んでおくこと。

　次のアクションとは、「購入」「お問い合わせ」「申込み」といった、実際に売上げや認知度アップに直結する行動のこと。

　では、そんな仕掛けをどうやって編み出したらいいのか？
　実は答えはいたってシンプルです。
　しょっちゅう新聞やテレビで取り上げられている商品やサービス。それらを紹介しているサイトのほとんどが、上記の「次のアクションを促す」ための仕掛けが入っています。
　メディアで取り上げられたという情報のすぐ近くに「お問い合わせはこちら」というバナーが配置されていたり、もちろんインターネットからだけではなく、すぐに電話で対応できるよう大きめに電話番号も記載されていたり。
　もちろん、「○○（番組）を見た方には特典をご用意」といった視聴者優遇の企画を打ち出しているところもあります。
　参考にできるサイトは実は身近に星の数ほどあるのです。

プレスリリース活用に連動した
ホームページ事例

CHAPTER6 効果的な取材対応、そしてどんどん波及させていこう

切り口のひとつとして人物を持ってくるのなら顔写真と共に興味を持ってもらうコンテンツを用意

読者・視聴者からの問い合わせにもスグに対応できるように電話番号は目立つ位置に

メディア掲載情報は必ず用意

プレスリリースを仕掛けているネタは必ずトップページメインに

リリース掲載内容はもちろん、リリース内容のフォローも万全である。
浜弥鰹節 http://www.katsuobusi.com/

プレスリリースのタブー！

新聞だって、テレビだって、生きた情報に魅力を感じます。

鮮度がなくて、魅力ないプレスリリースはもちろん取り上げられる確率は低く、水をはじくような輝きを放っている情報なら記者も思わず手に取ってしまいます。

ここではまさにタブー、魅力ない情報提供を私、福満ヒロユキの数ある経験からピックアップしてみましょう。

◉失敗するリリースシリーズ

【ケーススタディその1：「二匹目のどじょう」を狙ってしまう】

以前メディアに取り上げられたことがある。今回は以前とは内容も違うし、期間も空いてるし、大丈夫だろう。

有利に聞こえますよね。以前取り上げられているのですから。しかし、私からすると「期間が空いている」という部分が反対に引っかかります。以前取り上げられてからまったく情報を提供していないということになりますよね。メディアはいつも「今」を切り貼りしています。ですので、報道・掲載されるかどうかは別として常に情報発信を行なっていて欲しいものです。

【ケーススタディその2：クレームのようなリリース原稿を送る】

これは論外です。行政や企業、個人を誹謗中傷するような内容。この場合は告発文、つまり「投書」と呼ばれるものになり、プレスリリースとは異なります。

「投書」はあまりプラスのイメージではありません。自分自身が企業や社会、行政に対しての対応に関して、新聞等に「告発文」を送るわけですから、「恨みはらさでおくべきか」というイメージでとられてしまいます。

とある企業の社長が相談に来られました。「行政の不手際で自分の会社の扱う製品のイメージが悪くなった。結果として利益が逼迫（ひっぱく）された。これによって莫大な損失を生んだのだ。だからプレスリリースを行なって行政の不手際を世に知らしめたい」

これだと明らかに「投書」となってしまいます。プレスリリースとして行なってしまうと、記者達は困惑してしまいます。

こういった投書は、その訴え自体が正当なものなのかどうかを明確にし、法律関係の専門家に相談。安易にメディアが活用できるという錯覚は捨てるべきです。

CHAPTER 7

成功事例で見るプレスリリース

LECTURE

1 成功事例から学ぶこと

　さて、この章ではいよいよプレスリリース成功事例を、「生原稿」（プレスリリースを行なう際に実際にメディアに送付した原稿）と共に紹介していきます。お待ちかねですね。

　ここで私、福満ヒロユキが行なうプレスリリースセミナーでのエピソードをお話しします。そこでは、私自身が手掛けた生原稿をもとに受講者の皆さんにノウハウを公開しています。しかし、その生原稿は決して最初に配ったりしません。前半のセッションが終わって、休憩時間に配布します。

　前半のセッションとは「いかにストーリーが大切か」ということを、毎回いろいろなネタで、ライブ形式で皆さんに体感していただきます。福満ヒロユキが最も得意とする「エンターテイメント・プレゼンテーション」という手法です。

　そして後半は実際にプレスリリース原稿を書いてゆくセッションに入ります。

　前半が終わってから初めてリリース原稿を配る理由があります。

　かつてこのプレスリリースセミナーを始めた頃は、最初に生原稿を配って、その原稿に沿って皆さんにリリース原稿をつくっていただいていました。そして、後半は皆さんのリリース原稿をその場で添削しながら完成させてゆくというものでした。

　しかし、ここで大変なことが起きたのです。

受講者の書いた原稿に一番大切な部分が入っていなかったのです！
　一番大切な部分。それは、「社会貢献度」を表現するための「ストーリー」が欠落していたのです。

　一瞬、目の前が真っ暗になりました。
「一番大切なことを伝えないまま、リリース原稿のつくり方だけを伝えてしまった」
　これでは講師失格です。皆さんがプレスリリースのノウハウを持って帰って実際に活用してくれてこそ、セミナーの意義があるからです。

　頭をフル回転して添削し、それぞれの受講者が持っているネタのストーリーをその場で紡ぎ出しつつ修正を重ねていきました。終了時刻をオーバーし、ご迷惑をおかけしつつ、なんとか全員分のリリース原稿が完成しました。

　この経験で私が体感したこと。
　「言いたいことは伝わっているだろう」という思い込みは、とても危険だということ。

　プレスリリースは家族や友人、職場の仲間といった身近な人にではなく、「記者や番組制作者」というメディア、つまりは**会ったことのない人々に情報を提供するということ**。

　「これくらいでわかってもらえる」という思い込みは御法度です。

　さて、新聞・テレビ等へのリリース成功者たちがどういったストーリーの紡ぎ出し方をしているのか、切り口の見出し方をぜひご自身のノウハウにしてください。

LECTURE 2

解説付き成功事例 ❶
今までにない新しいサービスを生み出した街の塗装会社が放ったプレスリリース

　従来の薄利多売のビジネスモデルではなく、他社が取り組んでいないサービスを生み出すところから始まり、社内での会議を幾度も開き、試行錯誤を重ねて商品化。

　まずは全国紙への掲載を果たした後に業界紙・専門誌に特化しリリースを行なうことで、大手企業からの直接の問い合わせを獲得するに至った。

　塗装業も新サービス、新商品を生み出せば、十分メディアの注目をひくことができる。プレスリリースという手法を活用することで社員のモチベーションも上がっていった。

（メディア掲載 http://www.okumakot.com/whats_new/media/）

塗料報知
2010年7月14日

CHAPTER7 成功事例で見るプレスリリース

塗料報知新聞 編集部 御中

平成 21 年 11 月 13 日

「日本初、工業塗装業界初の塗料調色と塗装が超短納期仕上がるサービスを開始。モノ作り業界において多大なるコストダウンメリットに繋がる。」

株式会社オークマ工塗（大阪府東大阪市布市町、代表大熊重之（オオクマシゲユキ）は試作品塗装を短納期で仕上げるサービスに加え、本年 10 月より塗料調色も同時に超短納期で仕上げるクイックタイム coler120 サービスを開始しました。

　塗装業界において塗料メーカーに調色依頼をかけますと約 5 日～7 日の納期が必要となり短納期を求められるモノ作りの世界では一番の悩みとなっております。株式会社オークマ工塗では、「クイックタイム 90」という業界初の「1ヶ～最短 90 分で塗装仕上げ」サービスが好評を得ておりますが、今回さらにクイックタイム coler 120 という新たなサービスを開始致しました。
　一般的な色見本「PANTON」・「日塗工」の色番号を指定して頂くだけで「1ヶ～最短 120 分で塗料調色・塗装まで完全仕上げ」のサービスでございます。
　一般的な塗料メーカーでの一色の調色価格￥6000～￥10000 の所、株式会社オークマ工塗では 1 色￥3500 均一価格でお受けさせて頂きます。
　塗装業界では価格の目安がございませんが、試作品塗装は価格表が出ており調色費も 1 色￥3500.-となっておりますので、依頼する側の意思決定や見積もりの判断も速やかに出来るものとなります。
　不況下で既存顧客売上が激減する中、試作品塗装は、昨年度比売上 289％、取引件数 57％ UP（平成 21 年 10 月 3 日現在）、TOTO・神戸製鋼等の大手開発からのご依頼も含まれます。
　これからの時代において短納期は最優先事項となり、株式会社オークマ工塗では超短納期の追及によりクイックタイム coler 120 を開始でモノ作りの世界において多大なるコストダウンメリットと付加価値のご提案が日本モノ作り業界の発展に繋がると思っております。

株式会社オークマ工塗　試作品塗装ホームページ「試作　塗装」で検索を。
http://www.okumakot.com/sisaku/index.html

このリリースに関する問い合わせ
株式会社オークマ工塗　東大阪市布市町 3 丁目 2-57
TEL072-988-1363　FAX072-987-6959
担当：矢吹　潤（ヤブキ　ジュン）　yabuki@okumakot.com

成果　東大阪という街の塗装会社に、大手企業からの直接問い合わせが来るようになった！現在はプレスリリースのノウハウを社内、社外で共有し、お客様のリリースの相談にも乗っている。

LECTURE
3

解説付き成功事例❷
地域活性のために、地元の石材商社が情報発信
地方紙から全国紙へとニュースが広がる

　愛媛県西条市の石材商社いよせき株式会社。自社で扱う地元の特産物である「石」のPRのために常に新しいこと、注目されることを考えてきた。

　今回は、ただ単にギャラリーに展示を行なうのではなく、実際に一般の方にピザ窯を貸し出すということで、石材という枠を飛び越え、「レジャー・食・文化」といったキーワードで訴求を行なった。

　その結果、地方紙である「愛媛新聞」に掲載され、本書執筆中の現在は読売新聞の取材を受けている。

青石窯で絶品ピザ
西条の石材会社レンタル開始
3タイプ 保温効果も

伊予の青石を使った石窯で焼きたてピザをどうぞ――。西条市洲之内の石材会社「いよせき」(白木秀典社長)はこのほど、自社で製作したピザ窯のレンタルを始めた。本場風のピザを楽しめるとあって利用者に好評だ。

同社のピザ窯の製作は約5年前から。敷地のギャラリーで美術関係の企画展を随時開催して交流のあった「森の魚」の彫刻で知られる石彫家藤部吉人さん(64)=宇和島市在住=から工法を紹介されたのが始まり。藤部さんはイタリア修業中にピザ職人から石窯づくりを学んだという。

石窯は社内やギャラリーのイベントで使用してきたが、これまで何度か外部に貸し出して好評だったことからレンタルを企画した。

銘石のPRを兼ねて外壁に伊予の青石を使用。石窯は大型、中型、小型の3タイプあり、耐火れんがに加え、伊予の青石を使用。石窯は大型、中型、小型の3タイプあり、

直径25㌢程度のピザが5～7枚焼ける。「まきをスペースで利用できるほか、貸し出しも可能(運送料が必要)。企業や団体の親睦会、イベントなどでの使用を想定するため、遠赤外線効果でおいしく焼き上がり、石の保温効果もある」と同社の藤原一恵さん(51)。魚や肉もおいしく焼けるという。

料金は1日当たり大型3万円、中型2万5千円、小

問い合わせは、同社＝電話0897(55)3720。

(松下和人)

愛媛新聞2011年1月13日　　　　　　　　　　　　　愛媛新聞提供

報道関係各位　　　　　　　　　　　　　　　　　２０１１年１月１日

愛媛県発。イタリア式石製ピザ窯、レンタル開始
西条市のいよせきストーンギャラリーにて。

　愛媛県西条市、いよせきストーンギャラリーでは２０１１年１月より、イタリア式の石製ピザ窯のレンタルを開始した。

　当ギャラリーでは２００４年１１月オープン以来、石彫などの企画展を始め、貸しギャラリーとして運営を行ってきたが、新たに石製ピザ窯のレンタルを始める事となった。このピザ窯は愛媛県在住の石彫家、藤部吉人氏（北宇和郡三間町在住）の指導により、イタリア式に作られたもので、自社内のイベントで使われ、ピザだけでなく、魚や肉などもおいしく焼く事ができるので、利用者に好評を得ていた。

　そこで広く一般の方にも使って頂きたいと、ピザ窯のレンタルをはじめる事となりました。ピザ窯は大（５枚焼き）中（３枚焼き）小（１枚焼き）があります。

　レンタルはギャラリーの外スペースをご利用いただく場合と、外部に貸し出しとして持ち出すこともできます。詳しい内容やレンタル料につきましては担当までお問い合わせくださいませ。また従来どおり、ギャラリー内部の土間部分、板間部分も貸しギャラリーとしてご利用いただけます。より多くの皆さんにイタリア式石製ピザ窯を使って食文化を味わって頂きたく、取材をお願いいたす所存でございます。どうかお取り計らいの程よろしくお願い申し上げます。

この情報に関するお問い合わせ
いよせき株式会社
ｽﾄｰﾝｷﾞｬﾗﾘｰ担当：伊藤慎志
西条市洲之内甲１２９９番地
Tel 0897-55-3720
Fax0897-56-1266
代表取締役社長　白木秀典
携帯 090-3186-1064

いよせきストーンギャラリーブログ
http://www.iyoseki.co.jp/cp-bin/blog/

いよせきホームページ
http://iyoseki.co.jp/

成果　プレスリリースが自分でできるということに新たな気づきを得て、積極的に各方面にリリース。見事に成功。ミニコミ誌での掲載や、テレビ愛媛ではニュース番組でイベント情報を取り上げてもらう。プレスリリースが広告だけでなく、販促・集客の手法でもあることを体感。

LECTURE
4

解説付き成功事例❸
イラストレーターが作成したカレンダー。リリースのポイントは「地球を救え」

デザイナー・イラストレーターが作成したカレンダー。普通は話題性に欠けると思われがちだが、イラストのモチーフに着目。

「絶滅危惧動物」をイラスト化したというところから、「SAVE THE EARTH　地球を救え」という標語を掲げ、リリースを行なった結果、多くの全国紙と地元の広報誌に取り上げられた。

朝日新聞
2008年12月2日

読売ファミリー
2009年2月12日

産経新聞
2008年7月16日

羽曳野市広報誌2009年2月

CHAPTER7 成功事例で見るプレスリリース

朝日新聞御中　　　　　　　　　　　　2008年11月

絶滅（危惧）動物をテーマに地球環境を考えるファンタジックなカレンダー
「SAVE THE EARTH 〜地球を守ろう〜」
セーブ ジ アース

　大阪府堺市在住のイラストレーター多保正則（タボマサノリ）ペンネーム『マーク・タルボ』が（長年温めてきた摩訶不思議な動物たちの世界。ファンタスッティックなカレンダー。来年度2009年の新企画として発表致します。

　「ワシントン条約」および「レッドデータブック」のデータ等によりますと現在、地球温暖化環境破壊により約2万種の生物が絶滅危惧となっております。地球の環境保護・自然との共存をコンセプトに、この企画を立ち上げました。、世界には、まだ知られていない絶滅（危惧）動物がこんなに沢山いるのだという事を知って頂きみじかな問題として捉え環境問題を考える切っ掛けになるのではと考えたからです。また、動物達をリアルに描くのではなく、皆様に親しみやすく楽しんでいただくために、ファンタジックでコミカルなタッチにしてみました。
　今年は、洞爺湖サミットに於いても、日本が議長国となり環境問題が議題となっております。このカレンダーのスポンサーになって頂いた企業様には、などの団体に収益の一部を寄付金として自然保護団体などに協賛していただく事になっております。そのためにも多くの企業及び団体にこのカレンダーの存在を知っていただく必要があります。

　是非ひとりでも多くの方にこのカレンダーの存在を知って頂く為この度、プレゼンテーションをさせて頂きました。どうぞ宜しくお願い致します。

イラストレーション　ターボ
ホームページ
http://www.eonet.ne.jp/~turbo/

イラストレーションターボ
〒580-0044大阪府松原市田井城4-148
tel/fax ： 072-330-1941
mtabo2007@leto.eonet.ne.jp

担当　:多保〔タボ〕

成果　「新聞掲載を見た方から絵画展の依頼が来ました！」そんな多保正則さんからいただいたメールには、「私の母は、最初に掲載された産経新聞の記事だけ見ることができました。『お前の絵が新聞に載るようになったか……もう思い残すことはない』と言ってこの年の秋に他界しました。私にとっての唯一の親孝行だったのかもしれません」とあった。プレスリリースの影響は読者だけではないのだ。

LECTURE 5

解説付き成功事例❹
鉄工所が生み出した「レジャー用品」

牛肉や鶏肉等、かたまりで焼けてしまうバーベキューコンロ。

テレビ取材に結びつけるために、まずは新聞へのリリースを開始した。

レジャー用品という打ち出しに加えて、鉄工所が生み出した「レジャー用品ブランド」として各紙へリリース。

掲載後すぐさまテレビ番組から取材の問い合わせがあった。

日経流通新聞2010年3月8日

報道関係者各位

2010年 3月 1日

大阪摂津市発、"丸焼きできるバーベキューコンロ"の開発

大阪府摂津市で金属加工業を営むカネタ鉄工㈱（Tel：０７２－６５４－１６３７　社長：佐多はつみ）は、平成２１年８月に本格大型丸焼き用バーベキューコンロ『丸焼きくん』を開発、メーカーとしての第一歩を踏み出した。ステンレス製で価格は4万9350円（税込）。カネタ鉄工㈱ホームページ http://www.kaneta-tekkou.co.jp にて発売中。

とある顧客からの相談があった。
「仲間内で丸焼きパーティをしてみたいから、丸焼きができるコンロを作ってほしい。」
さすがに鉄の専門職といえども、丸焼きができるバーベキューコンロを作ったことはなかった。
市場に普及していないから図面も無ければ資料もない。目指す形も分からないまま、摂津の町工場の職人たちが集まって試行錯誤を重ねた。スクラムを組み、出来上がりに一喜一憂。額にしわを寄せあい、肩をたたき合うことができるのも下町の強みだ。
そこに、鉄工所ではめずらしい、女性スタッフのアイデアも加わる。採用した星型のアジャスターがそれだ。串となる鉄棒を5つの支点で回転を固定。結果として肉をまんべんなく焼くことができるようになった。（特許出願中）
「全体がむらなく焼ければ、焦がさずに済むし、焼くのがおもしろい！」。主婦らしい意見も飛び交う。

カネタ鉄工㈱は、昭和46年に初代田袋社長が現在の大阪府摂津市に設立。
初代社長は志半ばで病に倒れ、今年7回忌を迎える。体調が悪化した田袋社長の意思を引継いだのが現在の佐多はつみ社長。軽い気持ちで受けたが、蓋を開けると全てがテンヤワンヤの火の車。
"手弁当"の彼女に見かねた事務の女性がこっそりポケットマネーを手渡してくれたことも…。
不眠不休のチームワークで職人達と走り続けて一昨年は最高の売上を達成し、万感の想いで初代社長に報告。海の様な深い情と、職人にも容赦なく激を飛ばせる強さの両方を備え持つパワフルな社長は"いまふう町工場"を目指して不況の海原で舵を切る。

摂津の下町の鉄工所。皆で手掛けた今迄無かった丸焼きできるバーベキューコンロ「丸焼きくん」。
是非1人でも多くの方に丸焼きの面白さや、町工場であった開発のドラマを分かち合えればとリリースしました。
よろしくお取り計らいのほど、お願いいたします。

カネタ鉄工㈱ホームページ
http://www.kaneta-tekkou.co.jp

カネタ鉄工株式会社

〒566-0064
大阪府摂津市鳥飼中2丁目7-15
tel072-654-1637/fax072-653-0534
担当：進藤 町子（シンドウマチコ）

成果 新聞掲載からテレビ番組の取材→報道。記事はもちろん、番組内で芸能人が楽しく活用している姿を見た全国の視聴者から問い合わせがあり、販売へとつながった。

LECTURE 6

解説付き成功事例 ⑤
直接消費者に知ってもらうために、夢をかなえた

本来は流通に乗せて、初めて消費者の手元に届く商品。

しかしながら、それではコストダウンができない現実から「直接消費者」への販売モデルを考えた。

そのための広報手段としてプレスリリースを活用。

新聞・テレビで連続して掲載・報道の結果、直売所の集客も成功。

(メディア掲載 http://koganeya.biz/cgi/snews.cgi)

読売新聞
2009年6月12日

この記事・写真等は、読売新聞社の許諾を得て転載しています

報道関係者各位

平成22年5月14日

関西初！大阪・大東市に納豆工場併設直売所

～納豆庵　こがね屋～

　納豆作り一筋！半世紀になる小金屋食品株式会社（大阪府大東市御領・代表 吉田恵美子）は7月10日（土）・11（日）の納豆の日に大阪で初の納豆工場併設直売所をオープンいたします。
　当日は少しでも多くのお客様に納豆の美味しさを知っていただきたいと出来立て新鮮な納豆が希望小売価格の20～30％引きでの販売を予定しております。

　おかげ様で近隣の方はもとより、兵庫・京都・奈良からも弊社の納豆を求めて日々お客様にお越しいただいている状況です。
　わざわざ遠方より来て下さるお客様にもっとゆっくりと納豆を見て・知っていただく空間を提供したいと考え、工場併設直売所オープンにいたりました。
併設直売所の名前は「納豆庵　こがね屋」です。
　納豆好きの方はもちろん納豆嫌いの方にも納豆をもっと身近に感じていただけるスペースになればと思っております。
　併設直売所で販売することにより消費者にとって新鮮な納豆がより安く、そして何より生産者の商品への想いや顔が見え安心して納豆を購入していただけます。
　また生産者である私たちもお客様の笑顔に触れあうことにより納豆作りに熱が入ります。
　併設直売所「納豆庵　こがね屋」がよりよい納豆作りのためのアンテナショップとなり生産者としてもとても大切な売り場になると確信しております。
　実際、大阪の納豆普及率は全国から見てもかなり低いのが現状です。
　そんな現状を大東市の納豆工場から大阪の納豆普及率をあげたいと本気で取り組んでいる小さな会社の取り組みに注目していただきたくこのたびリリースさせていただきました。
　よろしくお取り計らいのほどお願いいたします。

小金屋食品株式会社ホームページ
http://koganeya.Biz

このリリースに関するお問い合わせ

小金屋食品株式会社
～納豆庵　こがね屋～

〒571-0064
大阪府大東市御領3丁目10-8
TEL　　072-871-8456
FAX　　072-871-8884
E-meil　info@koganeya.Biz

担当　吉田

成果　最初の新聞掲載からリリース成功の連鎖を生み、テレビ出演や企画番組でも取り上げられた。お笑いコンビのチュートリアルはこの納豆の大ファンとのこと。直売所には写真が飾られている。

LECTURE 7

解説付き成功事例⑤
地方紙から全国紙、そしてテレビへ派生 地元イベントの集客に成功

　世界に向けて、「たおるマジック」を発信させたいという大きな夢に向けて、プレスリリースという手法で一歩を踏み出した。

　世界遺産に登録されて以来、外国人観光客が急増している宮島で、期間限定で開くギャラリーをリリース。

　大成功し、初日に地元の中国新聞の取材を受け、翌日にカラー写真入りで掲載。翌日には新聞を見たというお客様の来場が跡を絶たなかった。その後も全国紙の掲載、テレビの取材が続いた。

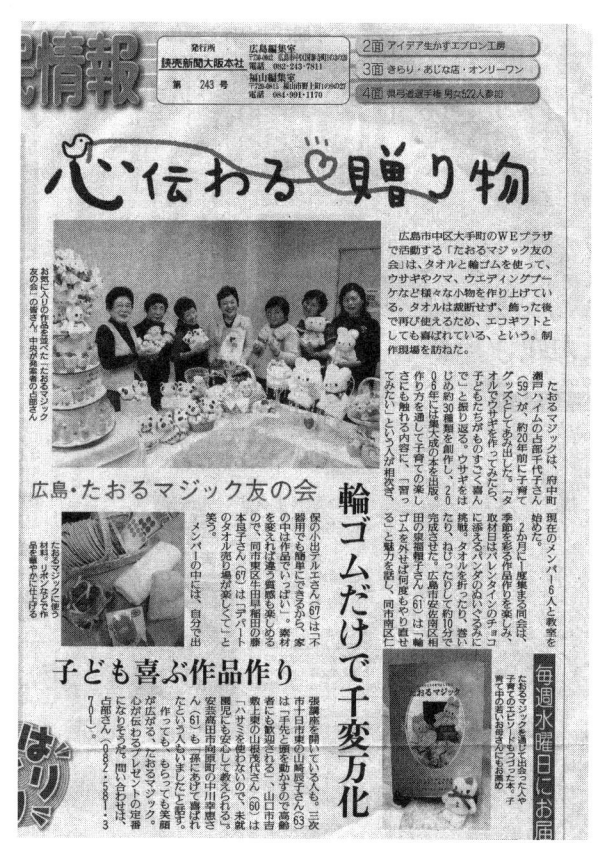

読売新聞
2010年2月10日

この記事・写真等は、読売新聞社の許諾を得て転載しています

報道関係者各位　　　　　　　　　　　　　　　2010年5月18日

広島発！！　ひそかなブームを巻き起こしている
「たおるマジック」を一同に集めた作品展を開催

広島県を中心に活動している、「たおるマジック友の会」代表　占部千代子）は、5月27日（木）から6月1日（火）まで、ギャラリー宮郷（宮島町家通り）にて、会員の作品を一同に集めた「たおるマジック」作品展を開催いたします。期間中、講習会も行います
「たおるマジック」ホームページ　http://www.towel-magic.jp/

「たおるマジック」とは1枚のタオルと1本の輪ゴムで作る創作ギフトで、これは
代表者である占部千代子が20数年前子育て中に思いついたアイデアです。
タオルを丸めて、輪ゴムで留めると命を吹き込まれたようにかわいい動物や花が誕生します。
まるでマジックのようなので、「たおるマジック」と名づけて、書籍を出版しました。（2006年）
それを機に幼稚園、子育て支援センター、社会福祉協議会　カルチャーセンター、などで
"たおるマジックの普及＝しあわせの種まき"の講演活動をしています。
「たおるマジック」ができあがるとみんな、本人も周りもおもわずニッコリ、幸せエネルギーが
一杯に広がっていきます。
当初一人から始まった活動がどんどん伝わり、「たおるマジック」参加者はのべ10000人を超え、もっと色んな作品を見てみたいとの声がきっかけとなってこの度の開催の運びとなりました。

今回は、10人の講師の作品を一同に集めての作品展です。
当初「たおるマジック」が習いたくて参加した受講生の中から、"しあわせの種まき活動"の賛同者が集まって、友の会ができ、講師のグループの誕生となりました。
現在では、10人の講師が活動しています。
今回は本に登場するモデル作品を中心に新作も加え約30点以上のお披露目です。
作品販売や無料体験コーナーも設けました（材料実費）

小さいお子様のから、高齢者まで楽しめる、幸せコミュニケーションツール「たおるマジック」を
一人でも多くの方にご紹介したいと思い、また、日本の折紙文化のアレンジとして
宮島を訪れる海外からのお客様にもお伝えしたいと思い、この度のリリースをさせていただきました。よろしくお取り計らいの程お願いいたします。

　　　　　　　　　　　このリリースに関するお問い合わせ
　　　　　〒735-0011　広島県安芸郡府中町瀬戸ハイム 2-24-24
　　　　　　　　　　　TEL&FAX　082-581-3701
　　　　　　　　　　　e-mail　urabechi@ms5.megaegg.ne.jp
　　　　　　　　　　　「たおるまじっく」
　　　　　　　　　　　　URL　http://www.towel-magic.jp/
　　　　　　　　　　　関連記事　http://www.epocaclub.com
　　　　　　　　　　　　担当　占部千代子

成果　「関わるすべての人に幸せを」タオルマジックを世界に広めるためのプレスリリースは、新聞からNHKや朝日放送へとテレビへ派生。集客に効果があったことはもちろん、現在タオルマジックの講師として全国から依頼を受けている。

LECTURE 8

解説付き成功事例 ❼
固定観念を外すこと。
そこにメディアは注目した

　形やキズ等の見た目のせいで一般市場に出回らない「規格外野菜」。そのほとんどが廃棄されてきた。

　しかしながら、飲食店で料理の材料として使用してもらうのにまったく問題はないはず。

　そこに着目し「もったいない」という時流に乗ったキーワードで全国紙からテレビ番組への掲載・報道を果たした。

　リリースを成功させた鳥居真臣氏は熊本県庁の職員である。

　豊中商工会議所で開催されたプレスリリースセミナーの参加がきっかけで、広報の仕組みを体得。現在も積極的にリリースを行ない、地方の活性化のために毎日奮闘している。

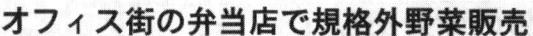

産経新聞2009年12月8日

報道関係者各位   2009年○月○日

熊本発！捨てていた『くず野菜』をお金に換える新たな販売戦略

　熊本県大阪事務所（所在地：大阪市北区梅田、所長佐伯和典(サエキカズノリ)）では、地元で捨てていた「くず野菜」（いわゆる「規格外農産物」）を大阪のオフィス街にあるお弁当屋さんに売り込み、農家の所得向上を図るという『もったいないプロジェクト』に取り組んでいます。

　熊本県はトマトやナス、スイカ、メロン、デコポンなどのトップシェアを誇る全国有数の農業県です。しかしながら、農村の過疎化・高齢化は進むばかりで、農家の生活は一向にして良くならないという厳しい状況が続いています。
　農家が一生懸命心をこめて育てた農作物も、市場では規格品しか評価されず、規格に合わない農産物は二束三文でしか売れないか、または捨てるしかないという『もったいない』がたくさん埋もれています。一般的に、生産される野菜類の約5％は廃棄されていると言われ、熊本県全体でなんと、約27,000トンもの農作物（野菜・果樹）が捨てられている計算になります。
　そこで、市場では評価されない『くず野菜』を少しでもお金に換え、農家の所得向上と農業へのやりがいを取り戻すため、熊本県大阪事務所では2年前から『くず野菜』のセールスを始めました。
　しかしながら、量販店や通販、料理店といった一般的な売り先では、「ロット」「輸送」「欠品リスク」などの問題でなかなか取引はできませんでした。

　そして、次に目をつけたのが、オフィス街の『お弁当屋さん』です。
　不況のあおりを受け、過激な価格競争と消費の落ち込みに悩むオフィス街にあるお弁当屋さんは、好立地にもかかわらず、お客でにぎわうのは11時頃から1時頃までのたった2時間程度、それ以外はスタッフも売り場も遊ばせているという、まさに『もったいない』状況があります。
「地方の『もったいない』と都会の『もったいない』を繋げられれば！！」と大阪駅前第3ビルの地下にあるお弁当屋さんに協力してもらい、『くず野菜』を販売したところ、それがなんと大ヒット！！
熊本のあるトマト農家さんは捨てていたトマトが3ヶ月で100万円に換わるという驚きの結果に大喜び。
「この取り組みを広げ、少しでも多くの農家さんの所得向上に貢献できれば！」とこれから大阪市内をはじめとするオフィス街にあるお弁当屋さんへのセールスを展開します。

　是非ひとりでも多くの方に「農業」そして「地方の活性化」に興味を持っていただければと思い、この度リリースをさせていただきました。宜しくお取り計らいのほど、お願いいたします。

熊本県ホームページ
http://www.pref.kumamoto.jp

熊本県大阪事務所ホームページ
http://www.pref.kumamoto.jp/soshiki/62

このリリースに関するお問い合わせ

熊本県大阪事務所
〒530-0001　大阪市北区梅田1-1-3
　大阪駅前第3ビル21階
TEL06-6344-3883 FAX.06-6344-3807
torii-m-dh@pref.kumamoto.lq.jp

担当：**鳥居（トリイ）**

成果　リリース大成功を収めた鳥居真臣氏はこのノウハウを職員で共有。熊本県大阪事務所は情報発信が得意な職員の皆さんでにぎわっているとのこと。

LECTURE 9

解説付き成功事例 ❽
会社を元気にするには、注目を浴びる必要がある

　ものづくりの街、東大阪。「よいものは、何もしなくても売れてゆく」という時代から、「もののよさを伝えてゆかないと売れない」という時代に移った昨今。費用がかかる広告だけの目線から、メディアを活用してひとりでも多くの人に「伝える」広報という考え方へ。

　まずは経済産業紙へのリリースを行ない、連続して掲載されることで、注目を集めている。

日刊産業新聞
2010年
6月17日

日刊鉄鋼新聞
2010年5月31日

CHAPTER7 成功事例で見るプレスリリース

産業新聞社　編集局御中

2010年5月25日

東大阪発。不可能を可能にする独自のプレス技術で、高強度・低価格のパイプ加工を実現

東大阪市で店舗・事務所用装備品製造を営む㈱摂津金属工業所（所在地：東大阪市加納4-14-12　代表者：田中幸蔵社長）は店舗什器製造で培った独自のパイプのプレス加工技術を他分野へ展開、問題解決サービスを実施しています。（プレス加工動画をホームページ上で公開しております http://www.sakidasu-2.com）

従来、パイプ形状の鋼材に穴をあける等のプレス加工は不可能だと考えられており、ドリルで穴をあける、もしくはレーザ加工で穴をあける方法が採られておりました。しかしながら、ドリルで穴をあける場合はパイプの内側に大きなカエリが発生。カエリ除去に工数がかかり、場所によってはカエリ取りが不可能となり、品質面に大きな問題が生じておりました。レーザ加工の場合は加工時間がかかることからランニングコスト高、納期がかかる等の問題が生じます。
パイプの穴あけをプレス加工することによって、大幅な工数短縮、品質性能の向上が可能となります。

ホームページで動画を公開してから、下記のように各分野からのお問い合わせをいただいております。
・三菱自動車工業㈱様　電気自動車（EV）関連部材
レーザ加工ではコスト・納期面の問題で合わない。当社加工により問題解決の可能性高い。
工場来社視察あり。継続商談中。
・日晴金属㈱様（パナソニック一次下請）プラズマ液晶ディスプレー関連部材
アングル形状の構造材を使用していたが、耐荷重強度の問題を生じていた。当社のプレス技術を紹介。強度のある角パイプに仕様変更が決定。
・木村工機㈱様　空調室外機筐体
筐体・架台を溶接組みすることで嵩が張り、次工程への移送、保管に問題あり。当社の穴あけ加工により筐体のビス組立が可能に。試作製作済み、打合せ中。

是非、多くの開発・設計担当者様に当社の加工技術を知って頂き、抱えておられる諸問題の解決の一助になればと思い、この度リリースさせていただきました。宜しくお取り計らいのほど、お願いいたします。

　　　　　　　　　　　　　　　　　　　　　このリリースの関するお問い合わせ
㈱摂津金属工業所　プレス加工HP　　　　株式会社摂津金属工業所
http://www.sakidasu-2.com　　　　　　〒578-0901
　　　　　　　　　　　　　　　　　　　大阪府東大阪市加納4丁目14-12
　　　　　　　　　　　　　　　　　　　TEL072-963-2606
　　　　　　　　　　　　　　　　　　　FAX072-963-2456
　　　　　　　　　　　　　　　　　　　keiji.tanaka@settsukinzoku.co.jp
　　　　　　　　　　　　　　　　　　　担当；田中啓司

成果　掲載記事を社屋内に掲示。工場で働く職人も「注目されている」という感覚を実感。現在近隣の大学とタッグを組み、今までにない新しい事業への取り組みを行なっている。

LECTURE

10
解説付き成功事例 ❾
商工会議所から全国紙へ発信！

　広告費用を十分に確保することが難しい中小企業。

　そんな彼らに「広報」という概念を活用してもらおうと豊中商工会議所の経営指導員である吉田哲平氏は考え、福満ヒロユキのプレスリリースセミナーを受講。

　そのノウハウを活かし、会員にプレスリリースをすすめる中、実際に商工会議所に福満ヒロユキを講師として招き、プレスリリースセミナーを開催。

　成功者が続出する中で、本人もノウハウを活用し商工会議所のニュースを全国紙にリリース。掲載成功を身をもって実践した。

　現在も数々の商工会議所会員企業のプレスリリース戦略に携わっている。

産経新聞
2010年4月26日

CHAPTER7 成功事例で見るプレスリリース

報道関係者各位　　　　　　　　　　2010年4月22日

豊能地域で生まれた新ビジネスを紹介する展示会を開催します

豊能地域活性化推進協議会(事務局:豊中商工会議所)は、当協議会の推進する助成制度「おおさか地域創造ファンド豊能地域支援事業」から生まれた製品・サービスを展示する、「おおさか地域創造ファンドフェア2010」を4月28日(水)13時～17時に豊中商工会議所(豊中市岡町北1-1-2)にて開催します。入退場自由。当日は当支援事業助成金の平成22年度公募にかかる説明会も15時より開催します。

このフェアは、平成19年に(財)大阪産業振興機構により設立された「おおさか地域創造ファンド」の運用益を活用して、豊能地域(豊中市・池田市・箕面市・能勢町・豊能町)での新ビジネス立上げを助成金等で支援する仕組みにより誕生した製品・サービス(3年間で12事業を採択)を展示し、その中途成果をご覧いただくとともに、これから応募を検討される事業者様に、助成事業のイメージを明確にしていただくことを目的に開催するものです。

能勢町の能勢酒造株式会社の桜川サイダー・柚子サイダーや、豊中市の有限会社ファーストシーンの釣竿型水中カメラ「うみなかみるぞう君」などは、当助成事業から誕生しました。
これらの成功事例をひとりでも多くの事業者に知っていただき、自らのチャレンジマインドを喚起していただくきっかけにしたいという思いと、この地域で生まれた将来性豊かな事業を多くの方に知っていただきたいという思いのもと、この度リリースをさせていただきました。
宜しくお取り計らいのほど、お願いいたします。

豊中商工会議所ホームページ
http://www.ooaana.or.jp

おおさか地域創造ファンドHP
http://www.ooaana.or.jp/aopf/

このリリースに関するお問い合わせ

豊中商工会議所
〒561-0884 豊中市岡町北1-1-2
TEL06-6845-8006 FAX.06-6857-0474
toyo-cci@ooaana.or.jp
担当：吉田

成果　数々の中小企業の支援を行なう商工会議所。ここ大阪の豊中商工会議所は中でもプレスリリース指導の草分け的存在だ。現在も経営指導員は少しでも面白そうなネタを見つければリリースをすすめている。

LECTURE 11

解説付き成功事例 ⑩
時流に乗って、サッカーボールは羽ばたいた

　本来ならば地域発信のネタとなるのかもしれない。

　しかし、サッカーのワールドカップに合わせた商品開発とリリースは全国のメディアを席巻するのに十分なネタだった。

　生粋のサッカーファンが運営する、サポーターのためのサッカーグッズ店では、時流に合わせることで数倍にもリリース効果を高めたオリジナルブランドのボールの注文が跡を絶たない。

　全国紙に取り上げられた記事は写真と共にYahoo!ニュースにも同日掲載され、メディア間でも波及していった。

産経新聞
2010年5月24日

報道関係者各位
平成 22 年 5 月 18 日

"足の神様"を祀る服部天神宮でご祈祷
「サッカー人生が輝きますように」という願いをこめたサッカーボールを発売

　大阪に所在するサッカーグッズショップ Football Life（フットボールライフ　所在地：大阪府豊中市　代表：徳丸進）は、同店インターネットショップで「オラシオン」というサッカーボールを発売します。5 月 27 日(木)予定。価格は税込み 12,600 円。

　サッカーショップ店長としてこれまで多くのお客様からご相談いただいておりますが、中でもサッカー少年をお子さんに持つ親御さんからのご相談がとても多いことに気が付きました。またそれぞれのご事情をお伺いすると「子供が一生懸命サッカー頑張っているから、何とか報いてやりたい」という共通の温かい想いが感じられました。しかしそんな親御さんの愛を感じれば感じるほど、それをストレートに伝える商品がないことが、サッカーショップの店長として残念でなりませんでした。そこでそんな想いがまっすぐ伝わるギフト商品を作り出そうと考え、サッカーボールオラシオンを製作いたしました。サッカーはとても怪我への関心が高いスポーツです。スポーツ保険の全加入者のうち、最も多い競技がサッカーであることからも、その関心の高さが伺えます。そこで「怪我をしないで頑張って！」というコンセプトを筆頭に「良い友達が出来ますように・フェアプレイでサッカーできますように・勝利できますように・人間としても成長できますように」というサッカー人生を輝かせる5つのコンセプトを「祈り」としてデザインし、サッカーボールに表現しました。そしてこれらの「祈り」をより力強いものとするために、"足の神様"を祀り、健脚祈願で多くの参拝客が訪れる服部天神宮（大阪府豊中市）でサッカーボールにご祈祷いただくことにいたしました。服部天神宮にはプロサッカー選手を始め、陸上選手なども足の無事を祈願して参拝されています。

　今後は市場の反応を見て、インテリア用などの小さいサイズのボール販売を予定しております。また全国のプロサッカー選手や、サッカー少年が「一度は服部天神宮に行ってみたい」と思ってもらえるように、いちサッカーショップとしてだけでなく、地元商店街や自治体と一緒になって広報活動できたらと考えています。是非ひとりでも多くの方に、このサッカーボールと服部天神宮に興味を持っていただければと思い、この度リリースさせていただきました。宜しくお取り計らいの程お願い申し上げます。

Football Life　ホームページ
http://www.football-is-my-life.jp

服部天神宮　ホームページ
http://www.apsara.ne.jp/hattori-tenjingu/index2.html

このリリースに関するお問い合わせ

Football Life　（フットボールライフ）
〒561-0851
大阪府豊中市服部元町 2-4-26-606
TEL：06-4866-5277
FAX：06-4866-5299
tencho-shin@football-is-my-life.com

担当：徳丸（トクマル）

成果　このサッカーボールのリリース成功に伴い、ボールの販売はもちろん、「フットボールライフ」という会社、そして「服部天神宮」の名も広まっていった。

LECTURE 12

解説付き成功事例 ⑪
商品の販売を目的とした一過性のリリースではなく、「食文化」全体を見通したリリースだからこそ

　鰹節を扱う会社の三代目は、目先の商品販売ではなく、日本の食文化を見つめ直す活動をリリースし始めた。

　家族のために鰹節で出汁をとる。一見当たり前に聞こえることが、当たり前ではなくなってきた現代。

　売ろうとするのではなく、「気づいて」もらいたい。その想いがメディアを動かした。地方紙の掲載から始まって、NHKのドラマに登場する鰹節屋のモデルになった。

（メディア掲載 http://www.katsuobusi.com/media/）

大阪日日新聞
2009年10月7日

プレスリリース

2010年12月27日

報道関係者各位

◎老舗かつおぶし屋3代目が「和食＝だし」にこだわり食育活動を実施◎

創業62年の老舗鰹節屋、浜弥鰹節㈱（ハマヤカツオブシ　所在地：大阪市生野区鶴橋）3代目の木村忠司(33)は、和食文化と健康を守る為に、「食育＆だしのとり方出張講習会」や「鶴橋の市場ツアー」、料理の先生とのコラボレーションによる「親子クッキング教室」などを通して食育活動を実施しています。

NPO日本食育インストラクターの資格を持つ木村忠司は、袴にたすき掛け、「鰹」と書かれた鉢巻で、自ら「勝男武士」となり、「健康、味覚、栄養、食卓」「プロが教える簡単なだしの取り方」等の内容を子育て世代の親たちの集まる家庭や公民館に出向き、2時間の講習会を体験・試飲・鰹節削り器体験・映像視聴等を交え、開催しています。

2009年6月から始まった「食育＆だしのとり方出張講習会」は口コミで広がり、現在までに40回開催してきました。
※講習会風景は下記URL参照　http://www.katsuobusi.com/workshop/

「美味しいもの」が溢れかえる飽食社会日本。

しかし、食生活が大きな原因でもある生活習慣病の蔓延。子どもたちの味覚鈍化の現状。

もう一度日本の食文化である「和食＝だし」を見直し、日本ならではの繊細な旬の素材の味や香りを楽しむことがこれからの健康の為、また、先人たちの智恵を将来の子ども達に繋いで行く為にも「今」必要だと考えています。

この思いを、一人でも多くの人に伝えていくことが浜弥鰹節の使命です。

今後「鰹節の伝道師」として、主婦の方をはじめ、妊婦さんや子ども達にも活動の拠点を広げて行きます。

NPO日本食育インストラクターとは・・・平成18年に内閣府から認証された特定非営利活動法人「NPO日本食育インストラクター協会」（服部幸應理事長）が、自治体や教育現場、家庭などで食育を広めていくことのできる人を「NPO日本食育インストラクター」として認定している資格。小泉内閣時の2005年（平成17年）6月10日成立した食育基本法の理念に基づき食育を通じ生涯にわたって健全な心身を培い豊かな人間性を育むことを図るため、人々が健康で安心な食生活を営む為に広く社会に役立つ食育の推進に関する活動をもって、健全な食生活の向上による健康増進に寄与することを目的とする。ちなみに、食育基本法は、総理大臣と12省庁の大臣と国家公安委員長までが参加した国家レベルで食事をどうにかしようと捉えた、世界的に例のない法律とされる。

【取材・報道等に関するお問い合わせ】
浜弥鰹節株式会社　担当／取締役　木村　忠司（キムラ　タダシ）　S.51.12.25生まれ
TEL：06-6731-4385　　FAX：06-6712-8218　　Email：info@hamaya.biz
浜弥鰹節URL：http://www.katsuobusi.com
※　はまやかつおぶし　で検索してください。
※　上記内容詳細ページ　http://www.katsuobusi.com/workshop/

鰹節の当て字である「勝男武士」の格好でどこへでも参ります！

成果　リリースの掲載を機に、「出汁のとり方講座」というセミナーもスタート。老若男女問わず、非常に好評なセミナーとなっている。鰹節の販売はもちろん、食育の普及にも一役買っている。

COLUMN 7

ネタがないなら生み出せばよいのです

取り上げてもらえるプレスリリース。その要素として「新規性」「社会貢献度」「経済効果」という三要素があることは本文の中でもご紹介しました。

ここではその中でもセミナーで一番質問の多い「新規性」についてちょっと掘り下げてお話ししましょう。

リリース内容に新規性を持たせるためにできることはいくつかありますが、その中でもすぐにできてしまえるのがこちら。ズバリ、「コラボレーション」なのです。

コラボレーション(collaboration)とは、共に働く、協力するの意味で、共演、合作、共同作業、利的協力を指す言葉（Wikipediaによる）。

これは、リリースネタを考えるという「広報力」というよりも、むしろ製品やサービスを考え出す「企画力」の話になってくるのですが、ご自身がお持ちの商品やサービスだけでは「新規性が薄いな」と感じられるようでしたら、ぜひお手元の名刺フォルダを見返してみてください。

ご自身のネタと組み合わせることによって文字通り「新商品」「新サービス」を生み出すことのできる企業が白羽の矢を立てられるのを待っているはずです。

「自社の商品・サービス」と「この売り方」を組み合わせたらどうだろう？

そんな小さな気づきが、大きなアイデアへと育つことだってあるのです。

「いやぁ、ウチは商店街の一商店だからそんなにたくさん名刺交換する機会がなくて」

なんて思われている方！　出会いは創るものです！　ビジネス交流会、セミナー、商工会議所の出会い集まり……等々。ビジネスの出会いを提供してくれている場所は探せばいたるところに存在します。

もしハードルが高いように感じられるようでしたら、ぜひお近くの商工会議所に相談に行ってみてください。きっと新しいヒントを見つけることができるでしょう。

また、全国の商工会議所でもプレスリリースセミナーが開催されています。セミナーには「リリースがしたい」という意欲溢れる方が集っています。実はそこではスムーズにコラボレーションが生まれることもあるのです。

EPILOGUE

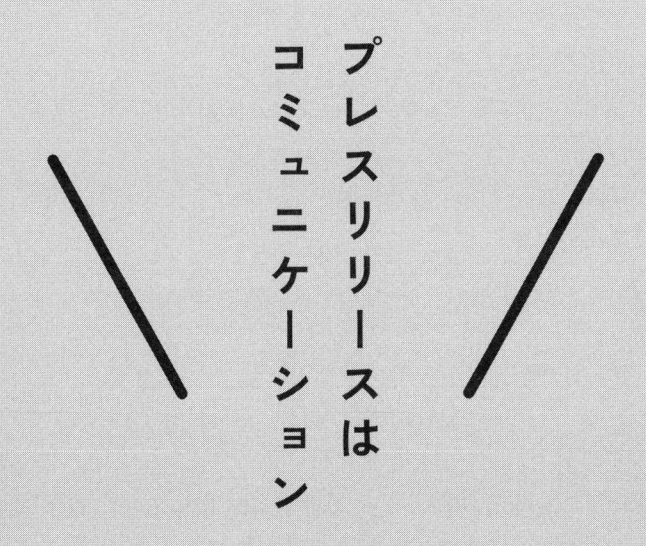

プレスリリースはコミュニケーション

1 プレスリリースのノウハウは、一度で一生もの

　今まで「知る人ぞ知る。活用する人ぞ活用する」というノウハウだったメディア活用。そのテクニックのひとつがプレスリリースでした。

　本書をお読みいただき、プレスリリースが単なる宣伝方法ではないということに気づいてくださった皆さん。
　プレスリリースは「メディアとうまく付き合う術」だということを忘れないでください。
　つまり、**「コミュニケーションの方法」**だということを。

　実は、このプレスリリースというテクニックは、活用するまでは論理なのです。

　しかし、一歩踏み出して活用していただければ、たちまち「ノウハウ」に変わります。
　そう、「メディアとコミュニケーションをとるためのノウハウ」に。
　インターネットの普及に伴い、まさに指を鳴らす、手を叩くようなリズムで進化を遂げている広告・広報の手法。めまぐるしいスピードです。瞬きしたら、次の手法が生まれている。

　しかし、覚えていてくださいね。**「不変のものもある」**ということを。
　それが、「コミュニケーションをとり、伝える」ということ。
　実は、本書を通して、皆さんとはこの「伝える」ということを共有させていただきたかったのです。
　決して色あせることのない、「『伝える』というコミュニケーションの手法」を。

2 もう、大企業だけのものではないのです

　大手企業には「広報部」もしくは「広報室」というものが存在します。
　このセクションの仕事は社外に対しても社内に対しても、情報発信を行ない、活用・共有を行なうことです。

　社内向けなら、社内報などがあげられますよね。
　イベントや社員の声などを共有して、他の部署の社員がどういったことを考えて何を行なっているかを記事にまとめて紙面や社内向けウェブ上で公開してゆく。

　そして、社外に対しては、記者会見やプレスリリース等、代表者に変わって企業の顔となり、情報公開を行なってゆく。
　つまり、プレスリリースは企業の広報室の仕事だとされてきたのです。
　もちろん毎日その業務に特化していれば、必然的に記者や番組制作者等の報道関係者とのパイプもつくりやすいですし、上司からの引き継ぎでその関係は続いていきます。
　そして何より、大手企業は定期的にコマーシャルや広告を打っています。
　この部分が対外的には「広告を打つ＝新聞やテレビの取材がされやすい」と認識されてきた要因のうちのひとつでしょう。

　しかし、本来はそういうものではなかったのです。**広告を打たずとも、その情報の「魅力」をしっかり「伝える」ことができれば取材に呼べるものなのです。**
　なぜなら、彼ら記者・番組制作者は、皆さんからのリリースを待っているのですから。

3 この本で得たテクニックで、たくさんの人と感動を分かち合いましょう

　最後までお付き合いいただき、本当にありがとうございます。
　改めまして、福満ヒロユキです。
　全国各地でプレスリリースセミナーをさせていただき、そして、相談件数も月間100本以上頂戴しています。

　先日、セミナー受講者による掲載・報道成功者を数値化してみました。
　本書で公開した私のノウハウを活用して、プレスリリースを行なった方の内、86.5％の方が、なにがしかの取材を受けておられました。
　ちょっと強気の言い方をすれば**「9割」の成功率**です。

　これは決して自慢ではありません。ただ、私の公開しているノウハウに対する自信ではあるのです。
　本当に感謝です。

　ノウハウは、開発しただけではただの論理です。活用していただいてこそ、命が吹き込まれます。
　心より感謝です。

　おかげさまで、たくさんの方々にお会いする機会を与えていただきました。
　そして、たくさんの方々にお会いし続けるノウハウも与えていただきました。

　そこで、皆さんに、ちょっとしたお願いがあります。
　ぜひ本書で得たテクニックを、自分自身はもちろんですが、他の

プレスリリースはコミュニケーション

誰かのためにも使っていただけないでしょうか？
「誰かを応援できる人は、常に誰かに応援されている人」なのですから。
　プレスリリースというテクニックは、「メディアとうまく付き合う術」であり、「伝えるというコミュニケーション」でもあります。
　そして、メディア活用を行ない、流行という大きな渦を起こそうと思えば、まずは身近な小さな渦から起こしてゆくのです。

　メディアは決してブラックボックスではありません。
　そして雲の上にあるような、遠いものでもありません。

　これからも、このテクニックを活用して、多くの方との縁が築けるならば、これ以上の嬉しいことはないのです。

　出会いを育てて、縁になる。そう信じています。

　最後になりましたが、今回の出版のチャンスをくださった皆さん。

　コピーライターを名乗りながらも自分のことになると遅筆という私、福満ヒロユキを辛抱強く支えてくださった、同文舘出版の津川さん。本当に感謝しています。

　そして、この本を手に取ってくださっている皆さん。
　これからも、よろしくお願いいたします。

2011年3月

福満ヒロユキ

著者略歴

福満ヒロユキ（ふくみつ　ひろゆき）
広報ジャーナリスト・プレスリリースアドバイザー
中小企業庁管轄中小企業応援センター登録専門家
英語も使いこなすコピーライター・広告プランナーでありエンターテイメントプレゼンター。メディアを動かしクライアントに取材を呼ぶプロフェッショナル。全国にクライアントを持ち、広報プラン作成や広報室の立ち上げなど、多種多様な業界の広報に関する相談を受けている。新聞への掲載・TV番組での報道の成功率は93.7%と日本でも有数。
日本全国の商工会議所でのセミナー、企業研修の講師としても活躍中。笑いと感動を織り込んだエンターテイメントスタイルでの講演はリピーターも多い。東京・大阪で開催されているエンターテイメント・プレゼンター養成スクールでは代表であり、メイン講師を務めている。また、自ら「劇団●TENPACHI」を主宰し、脚本・演出・プロデュースをこなしている。
最近では「世界の注目を日本に」というスローガンのもと、日本の文化・製品・サービス・企業を海外に向けてプロモーションを行なう事業にも力を入れている。面白いネタを「舞台化して消費者向け広報戦略に組み込む」という独自の手法を国内だけでなく海外にも積極的に行なっている。ちなみに、海外では体格と髪の毛の色から「グリズリー（灰色熊）」のニックネームで呼ばれている。

OFFICE●TENPACHI　http://office.tenpachi.jp
劇団●TENPACHI　http://www.tenpachi.jp
株式会社TENPACHI　http://www.tenpachi.co.jp
〒103-0001　東京都中央区日本橋小伝馬町21-1-902
e-mail:fukumitsu@tenpachi.jp　Tel:080-6144-1256

※本書に掲載の各メディアの記事とリリース文書に関して、無断で複製、送信、出版、頒布、翻訳、翻案等、著作権を侵害する一切の行為を禁止します。

メディアを動かすプレスリリースはこうつくる！

| 平成23年3月16日 | 初版発行 |
| 平成27年7月17日 | 4刷発行 |

著　者──福満ヒロユキ
発行者──中島治久
発行所──同文舘出版株式会社
　　　　　東京都千代田区神田神保町1-41　〒101-0051
　　　　　営業（03）3294-1801　編集（03）3294-1802
　　　　　振替00100-8-42935　http://www.dobunkan.co.jp

© H.Fukumitsu
印刷／製本：シナノ
ISBN978-4-495-59281-3
Printed in Japan 2011

JCOPY〈出版者著作権管理機構 委託出版物〉
本書の無断複製は著作権法上での例外を除き禁じられています。複製される場合は、そのつど事前に、出版者著作権管理機構（電話 03-3513-6969、FAX 03-3513-6979、e-mail: info@jcopy.or.jp）の許諾を得てください。